天一閣叢談

骆兆平 著

顾廷龙 题

宁波出版社
NINGBO PUBLISHING HOUSE

图书在版编目（CIP）数据

天一阁丛谈 / 骆兆平著 . — 宁波：宁波出版社，2012.12（2019.11 重印）

ISBN 978-7-80743-762-8

Ⅰ . ①天… Ⅱ . ①骆… Ⅲ . ①藏书楼 – 史料 Ⅳ . ① G259.258.3

中国版本图书馆 CIP 数据核字（2012）第 101875 号

天一阁丛谈

作　　者	骆兆平
责任编辑	陈金霞　沈建国
装帧设计	唐雪冬
出版发行	宁波出版社

（宁波市甬江大道 1 号宁波书城 8 号楼 6 楼　邮编:315040）

印　　刷	宁波白云印刷有限公司
开　　本	787mm×1092mm　1/16
字　　数	118 千
印　　张	14.25　插页 8
版次印次	2012 年 12 月第 1 版　2019 年 11 月第 2 次印刷
标准书号	ISBN 978-7-80743-762-8

定　　价　28.00 元

天一阁外景

天一阁宝书楼

新建天一阁西大门

新建天一阁东园

天一阁新书库

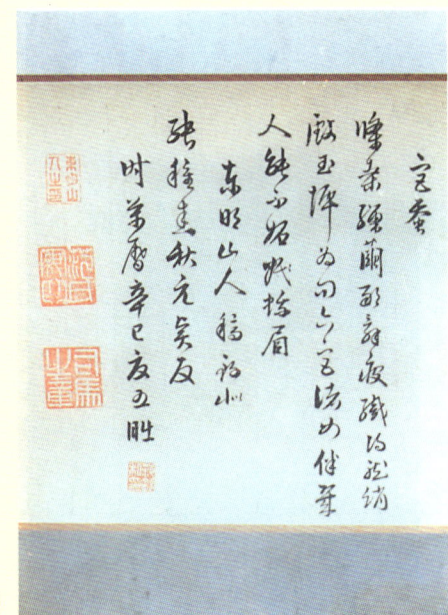

范钦手书诗卷（局部）

天一阁藏书印样

清乾隆《鄞县志》卷首天一阁图

石刻天一阁图

1933年维修前之天一阁

郭沫若《连访天一阁》题诗

序

余早岁即慕天一阁之名,后以负笈燕京,无缘往访,及来沪上,每与朋好叙谈,辄及天一阁往事,对东明先生之广收当时通行之图籍,历年既久,咸成珍本,甚钦其远见卓识为不可及。余自主合众图书馆即效其法,搜求近时刊物甚勤,迄今视之,均似星云,可遇而不可求矣。往从章式之丈获悉海盐朱旭初先生收藏清代贡卷甚富,曾由张菊生丈亲函朱处作缘相让,暨从吴县潘氏岁可堂乞得一宗,遂成大观。窃谓试卷于每人之履历、直系亲属、近支统系,无不备载。尤可贵者,于师承传授渊源,为它处所罕详。自科举废后,均罹论斤覆瓿之厄,劫后所存,益觉难得可贵矣。盖贡卷履历,当以家谱之缩影视之。此亦取天一阁保存登科录之义也。

一九七九年春,余以参加《中国古籍善本书目》之编纂,因偕沈津君前往宁波,寓月湖旁之华侨饭店,不数百步即抵天一阁。骆兆平君介绍此阁故事滔滔不绝,又述藏书之聚散经过亦至详赅。一别十年,兆平以近著《天一阁丛谈》稿寄示,属为一言。余展卷拜读,全书分十二章,曰史话,曰史事琐考,曰藏书管理，曰藏书目录，曰刻书考，曰藏书传抄遗闻，曰乾隆颁赏书画记，曰散书访归记，曰明代地方志述略，曰明代科举录述略，曰家谱概述，曰碑帖概述，纪事翔实。兆平于天一阁历史可谓淹贯故闻，传述如数家珍，甚足钦服！余从事图书馆工作五十余年，深感研究图书馆与普通图书馆性质不同，管理亦不同，研究图书馆之管理人员不能不熟悉馆藏，凭一卡片难能尽达，亦非电脑所尽能反映。若熟悉馆藏，则由此及彼，由表及里。熟悉馆藏之后，对藏书之珍护尤为亲切，管理方法亦多研索。窃谓今日之管理善本，重在重印，使其化身千百，代代相传，不至湮没。昔人所用之纸为手工制造，可以经久。尝见敦煌写经六朝用纸，至今千年后披展如新。凡古书之损毁，皆出于人为，今日机制纸印本，质脆不能耐久，出于自毁，典藏者皆应知之。兆平寝馈其中，或以余言为不谬乎？

抗战中，余应张菊生、叶揆初两先生之招，创设合众图书馆，余主张上海已有科学技术之明复图书馆，近代史之鸿英图书馆，合众应以古籍为主之历史文献图书馆，此三馆均为研究图书馆，便利专门读者，培养专业管理人员，编印专业资料，广为流通，面向世界。综合性图书馆可以综合各科之图书，实不能得综合性之人才，局限甚大。虽然事在人为，不是有意长期培养，而欲一举手一投足有以成之，是缘木以求鱼也。

一九七八年春，调查全国各馆所藏古籍情况，藉知十年动乱中各地图书文物遭受损失之烈，甚于秦火，闻之发指。但亦有典守者尽力抵御，置生命于不顾，英勇精神，令人肃然起敬！尝忆北京图书馆善本库管理员陈君，人皆呼之为陈先生，一书借阅，出库还库，必详加检点，郑重安放原架，数十年如一日，于善本之珍贵特点，均极熟悉，今乏其人。尝读黄梨洲《天一阁藏书记》云："尝叹读书难，藏书尤难，藏之久而不散，则难之难矣。自科举之学兴，士人抱兔园寒陋十数册故书，崛起白屋之下，取富贵而有余。读书者一生之精力，埋没敝纸渝墨之中，相寻于寒苦而不足，每见其人有志读书，类有物以败之，故曰读书难。"又云："有力者之好，多在狗马声色之间，稍清之而为奇器，再清之而为法书名画至矣。苟非尽捐狗马声色字画奇器之好，则其好书也必不专，好之不专，亦无由知书之有易得有不易得也。强解事者以数百金捆载坊书，便称百城之富，不可谓之好也。故曰藏书尤难。"又称古今书籍之厄不可胜计，以所见者言之，历举十名家聚散之变，慨然曰："是书者造物之所甚忌也，不特不覆护之，又从而灾害之如此，故曰：藏之久而不散，则难之难矣。"今日读之，愈感其言之深且切也。

兆平勤学好问，既熟悉天一阁之历史，又熟悉天一阁之藏书，了然天一阁盛衰之迹。建国以来，天一阁如枯木之逢春，有笃好古书之人，才真能爱护数百年来之劫余。展读史话，喜阁书之典守有人，足为研究图书馆之矜式矣。余不辞耄荒，率书数语以为嚆引。

一九八八年十月二十三日顾廷龙时年八十有五

◇目录

序 / 001 ················· 顾廷龙

天一阁史话 ································· 001
  （一）峥嵘一阁魁海宇 ······················ 003
  （二）斑斑缃帙美东南 ······················ 005
  （三）誉满九州惠四库 ······················ 008
  （四）抱残守缺经忧患 ······················ 010
  （五）枯木逢春获新生 ······················ 013
  （六）人民珍惜胜明珠 ······················ 016
  （七）北库东园添新枝 ······················ 018
  （八）宾朋满座话开放 ······················ 020

天一阁史事琐考 ····························· 023
  （一）建阁时间 ···························· 025
  （二）命名由来 ···························· 027
  （三）书楼形制 ···························· 029
  （四）藏书来源 ···························· 033
  （五）藏书印记 ···························· 037
  （六）管理旧制 ···························· 042

天一阁藏书的管理 ··························· 045
  （一）以水制火，火不入阁 ·················· 047
  （二）代不分书，书不出阁 ·················· 051

  （三）芸香辟蠹，曝书去湿 ·············· 056
天一阁的藏书目录 ·············· 061
  （一）现存最早的书目 ·············· 063
  （二）藏书进呈之后的书目 ·············· 066
  （三）清末时期的书目 ·············· 070
  （四）民国时期的书目 ·············· 073
  （五）新编书目 ·············· 077
天一阁刻书考 ·············· 079
  （一）初期的刻本 ·············· 081
  （二）刻书规模与版本特征 ·············· 083
  （三）关于《范氏奇书》 ·············· 091
  （四）藏版和印本的流传 ·············· 096
天一阁藏书传抄遗闻 ·············· 101
  （一）从黄宗羲破例登阁谈起 ·············· 103
  （二）三百年前的一本抄书记录 ·············· 105
  （三）《学院访求书目》新解 ·············· 108
  （四）访求书目与传抄书目的不完全性 ·············· 110
天一阁藏乾隆颁赏书画记 ·············· 113
  （一）册府之巨观　群书之渊海 ·············· 115
  （二）历史之画卷　艺术之精品 ·············· 118
天一阁散书访归记 ·············· 123
  （一）散出去向 ·············· 125
  （二）访归来源 ·············· 129
  （三）鉴定依据 ·············· 132
  （四）归书十例 ·············· 135

天一阁藏明代地方志述略 ·················· 141
　　（一）现藏明代方志概况 ·················· 143
　　（二）散出方志的流传 ·················· 146
　　（三）方志的特征与作用 ·················· 153
天一阁藏明代科举录述略 ·················· 157
　　（一）从明代科举制度说到科举录的内涵 ·················· 159
　　（二）收藏明代科举录的历史和现状 ·················· 164
天一阁藏家谱概述 ·················· 171
　　（一）家谱的文献价值 ·················· 173
　　（二）现存家谱的来源 ·················· 176
天一阁藏碑帖概述 ·················· 179
　　（一）碑碣拓本 ·················· 181
　　（二）明清帖石 ·················· 186
　　（三）明州碑林 ·················· 192
附录：天一阁旧题楹联诗歌选注 ·················· 197

后记 / 215
重印后记 / 216
再版后记 / 217

天一阁史话

（一）峥嵘一阁魁海宇

在宁波市月湖西面的绿树深处，有一座古老的藏书楼，这就是闻名中外的天一阁。阁为明兵部右侍郎范钦所建。其建造年月，已无文献确证，据清乾隆间学者追记，约建于嘉靖四十年（1561），即范钦辞官回家以后，至嘉靖四十五年（1566）之间。一百多年前，清代学者阮元在《定香亭笔谈》中已经说到："范氏天一阁自明至今数百年，海内藏书之家，惟此岿然独存。"天一阁在我国古代民族文化遗产的保存史上有着重要的地位。

书籍是记录和传播知识的重要工具，也是人类文明发达的重要标志。我国有悠久的藏书历史。古人说："维殷先人，有册有典"，早在商周时期，便设立史官，利用文字来叙言记事，开始有了国家藏书。春秋战国时期，私人讲学之风兴起，出现了私人著作，于是除了国家有藏书之外，更有私人藏书。不过那时候的著作大多是写在竹简或木板上的，也有的写在绢帛上。后来，随着纸张和印刷术的发明，书籍大量刊印，历代藏书家之多，不胜枚举。在宁波月湖一带，也有许多著名的藏书家，宋代有楼钥的东楼，史守之的碧沚，后人称"藏书之富，南楼北史"[1]；元代有袁桷的清容居；明代有丰坊的万卷楼等。然而，许多早于天一阁的藏书楼都已荡然无存。

天一阁藏书楼是一排六开间的两层木结构楼房,坐北朝南,前后开窗。楼上原来通六间为一,每间中间用书橱隔开,书籍就放在橱里,正中有明隆庆五年(1571)郡守王原相立的"宝书楼"匾额。楼下当中三间品连一起,作为中厅,两旁悬挂着文人学士们题写的楹联。随着岁月的推移,书楼的建筑材料续有调换,后人在楼上第一间和第六间各增板壁一道。1933年至1936年进行过一次大修,把阁前用瓦砾砌的围墙改成砖墙,因此拆除了阁前阁后屋檐下的木栅,并在楼上前后窗口外面加了保护性的铁栅栏,楼下藻井上添加数十块彩绘花板。但是书楼的基本结构仍然未变,外观亦不失端庄古朴的面貌。

阁前有一个池塘,池水清澈,游鱼可数。清康熙四年(1665)范钦的曾孙光文请了能工巧匠,在池边堆筑假山,环植竹木。假山占地面积不大,但造得相当精巧。山上重峦叠翠,高峰秀出;山下茂林修竹,曲径通幽;石兽出没其间,禽鸟飞鸣不绝。远远望去,山重水复。高地上设山亭,可供息足。山后有一株数百年的香樟树,浓荫蔽空,仍然显得生机勃勃。整个园林把天一阁藏书楼点缀得分外幽雅,身历其境,醉心读书,使人乐而忘返。

1933年,地方人士筹款维修天一阁,同时把旧府学内的尊经阁,以及八十余方历代碑石移建到天一阁后院,与书楼连成一线,成为现在天一阁的一个组成部分。尊经阁歇山重檐,据梁下题字,重建于光绪九年(1883)。阁旁又有一口水池,池畔芳草萋萋,林木翳然,中有卵石小径,与天一阁相通,周围种植兰桂,清香满园。

（二）斑斑缃帙美东南

范钦字尧卿，又字安卿，号东明，浙江鄞县人。据志书记载，他在嘉靖十一年（1532）考中进士，初任湖广随州知州。嘉靖十五年（1536）升工部员外郎，因事触犯了权臣武定侯郭勋，被诬遭廷杖。嘉靖十九年（1540）任江西袁州府知府。袁州为严嵩故乡，其子世蕃欲占宣化公宇，范钦不允。世蕃报告他父亲，严嵩说："这个人违抗过武定侯，以强项自喜，暂时不要去碰他。"嘉靖三十三年（1554），范钦的父母相继去世，他便回到家里。嘉靖三十七年（1558）起补河南，升副都御史，巡抚南安、赣州、汀州、漳州诸郡。嘉靖三十九年（1560），升兵部右侍郎，同年十月，去官归里。

据严从简《殊域周咨录》，范钦官福建时，抗击过倭寇。又据《明实录》，范钦去官，是由于被御史王宗徐所劾，说他在巡抚南安、赣州时，"黩货纵贼，贻患地方"，因此，范钦得旨"回籍听勘"。终以北京兵部右侍郎致仕。

沈一贯撰《东明范公墓志》云："公亢直守正，终始不移，卒率以是取忤，亦不至困。后父武定侯郭勋，与商户陈鹤等侵牟万计，公为节估值，廉物料，遂交怨公。勋常私用神木厂大木无忌，公独禁不与，勋党人潛之。"明代嘉靖年间，统治阶级内部矛盾重重，内经严嵩父子弄权，外有倭寇的侵扰，祸乱相寻，民不聊生。士大夫们朝升夕黜，被黜归里后，往往寄情诗酒，或著书刊书，自命清流。在宁波，当时与范钦先后归田里居的有兵部尚书张时彻、兵部侍郎屠大山。他们投闲啸咏，精思著撰，人称"东海三司马"。

范钦酷爱书籍，每到一地，都留心收集。而且他和那些只注重版本的藏书家不同，颇有点"厚今薄古"，比较重视收集当代人的著作，所以在他的藏书中明代地方志、政书、实录、诗文集就特别多。像《军令》《营规》《大阅录》《国子监监规》《武定侯郭勋招供》之类的官书，是当时的内部资料，为一般藏书家所难以收得的。有的书复本多达两三部，这可能出于朋友的赠送。后来，他购进丰氏万卷楼的一部分藏书，[2]又与王弇州等人相约互抄书籍，藏书数量大大增加，共达七万余卷。

沈一贯说："司马公于书无所不蓄，虽晚暮，好学弥笃，常诵读至夜分，声哕哕振林末，惊其四邻。"[3]范钦也有一篇短文《书本事诗后》，记其晚年的读书生活。文曰："此为唐孟棨作，世罕传布。伏日偃仰天一阁中，池林过雨，凉飔荐爽，四望无人，蝉鸣高树，遂披襟散佚，漫书此篇。已而云影低昂，新月吐照，欣焉会于予心。据胡床，披鹤氅，停麈尾，抚无弦琴，歌白云之章、清商之曲，啜杯茗而寝，殊忘其为盛暑，顾城漏已下二鼓矣。晨起，即题其后。"

书籍之外，还藏有许多碑帖。清乾隆五十二年（1787）钱大昕编《天一阁碑目》，"去其重复者，自三代迄宋元凡七百二十余通"。著名的有北宋拓本石鼓文等。

天一阁不但以藏书著名，而且还印刻过一些书籍，其中二十种合成一部丛书，世称《范氏奇书》，在传播古代文化方面起过一定的作用。在当时所刻的书上，留有姓名的写工和刻工多至三十余人，可见其刻书的规模。至今尚保存着数百块明代版片，是研究我国雕板印刷术历史的文物。

为了使天一阁藏书得到永久保存，范钦费尽了心机。他依据"天一生水"的说法，取"以水制火"之义，把书楼命名为天一阁，就反映出他对防火的重视。书楼与住宅建筑不相毗连，远离灶火，严禁烟火入阁，又在阁前凿一水池，蓄水备用，这一切都是有效的防火措施。

范钦在晚年，还考虑到防止书籍分散的问题，认为"书不可分"。结果，他的大儿子范大冲欣然放弃了万金家财，而继承了天一阁藏书。[4]大冲体察父辈的心情，从此"代不分书，书不出阁"[5]，藏书归子孙共同管理。

我国历代的许多藏书家都十分爱惜自己的藏书，希望能把藏书永久保存下去，但是总不能如愿。天一阁除了没有直接受到战争的毁灭性打击之外，在管理上能够注重防火，又避免藏书作为财产再分配，因此才得以幸存下来。

（三）誉满九州惠四库

范大冲字少明，县学生，入太学，授光禄寺大官署丞。大冲死后四十多年，明朝就灭亡了。他的孙子范光文字漋公，是清顺治六年（1649）进士，授吏部主事，在陕西做过主考官。因此，在明末清初时期，天一阁有一定发展，清代刊印的书籍也续有所增，但数量不多。

清康熙十二年（1673），著名学者黄宗羲破例登阁，编定书目，后来还写了一篇《天一阁藏书记》，文章开头说："尝叹读书难，藏书尤难，藏之久而不散，则难之难矣！"他深慨藏书久而不散之难，同时表彰了天一阁藏书之久。从此，天一阁就蜚声于学界。

清乾隆三十七年（1772），清政府决定设立四库全书馆，集中大量人力物力，纂修《四库全书》，便向全国各地采访遗书，要求进呈备用。修《四库全书》的目的是"搜罗古今载籍，以光策府，而裨艺林"，"用昭文治之盛"，实际上也是一次全国性的图书大检查，结果有许多图书被查禁焚毁。起初，各地慑于清廷的文字狱，疑虑重重，因此，"各省采访遗书，奏到者甚属寥寥"。于是乾隆帝软硬兼施，在三十八年（1773）三月十九日的上谕中点了一批名，指出："予以半年之限，令各督抚作速妥办矣。遗籍珍藏，固随地均有；而江浙人文渊薮,其流传较别省更多。果能切实搜寻,自无不渐臻美备。闻东南从前藏书之家,如昆山徐氏之传是楼,常熟钱氏之述古堂,嘉兴项氏之天籁阁,朱氏之曝书亭,杭州赵氏之小山堂,宁波范氏之天一阁,皆其著名者。"

这样,以范懋柱为代表的范氏后人不得不应诏进书。当时进呈了多少书,没有确切的记载,据光绪十年(1884)编辑《天一阁见存书目》时考查,认为除复本外,共进呈了六百三十八种。其中清初人的著作只有七部,其余都是前代人的著述,在当时就不多见。后来被收录在《四库全书》里的有九十六种,列入存目的有三百七十七种,对《四库全书》的编成确是一大贡献。

清乾隆三十九年(1774)六月二十四日上谕:"浙江宁波府范懋柱家所进之书最多,因加恩赏给《古今图书集成》一部,以示嘉奖。"这部书是铜活字印本,共一万卷。同时,乾隆帝又特派杭州织造寅著到天一阁察看书楼建筑和书架款式,故上谕又说:"可预邀范懋柱与之相见,告以奉旨,因闻其家藏书房屋、书架造作甚佳,留传经久,今办《四库全书》卷帙浩繁,欲仿其藏书之法,以垂久远。"寅著在奏章中详细报告了天一阁书楼的构造、书架的排列等情况,并且开明丈尺,绘图呈览。后来,庋藏《四库全书》的文渊、文源、文溯、文津、文汇、文澜、文宗七阁,就是仿照天一阁的式样建造的。天一阁在全国更享盛名了。

（四）抱残守缺经忧患

在旧时代，天一阁饱经忧患，书籍仍不免陆续散出。清乾隆年间，天一阁表面上繁荣，而实际上盛名之下潜伏着危机。那些珍本秘籍送到四库全书馆以后，虽有抄竣发还的上谕，但结果大都被承办者所鲸吞，使天一阁藏书遭到了一次浩劫。

宁波地处沿海，鸦片战争以来，战乱不断，天一阁藏书成了帝国主义者、贪官污吏和流氓小偷掠夺、盗窃的对象。清道光二十一年（1841），英帝国主义者占据了宁波城，闯进天一阁，掠取舆地书数十种而去。[6]清咸丰十一年（1861），太平天国军队进驻宁波前后，当地小偷乘混乱之际，拆毁阁后墙垣，潜运藏书，论斤贱卖给奉化棠岙造纸商人，不少珍贵书籍当了造纸原料。[7]有个奉化人，出数千金购买天一阁散出之书，亦于同治二年（1863）十一月遭火灾，书屋全毁。[8]1914年，上海的几个旧书商，雇用大盗薛继渭，挖楼潜入阁内，窃去藏书一千多部。[9]后来商务印书馆搜集了数百种，放在涵芬楼，1932年"一·二八"之役，不幸又遭日机轰炸而被焚毁。经过数次浩劫，加上零星的散佚，到中华人民共和国成立前夕，除清代续增的《古今图书集成》外，只剩下了一万三千多卷，仅及原藏书的五分之一左右，而且不少遭受虫蛀霉烂，成了断编残简。

清初以来，一些名人学者为天一阁编辑过图书目录，现存比较通行的有：嘉庆十三年（1808）阮元编《天一阁书目》十二卷；道光二十七年（1847）刘喜海编《天一阁见存书目》十二卷；光绪十年（1884）薛福成编《重编天一阁见存书目》四卷；1940年冯贞群编《鄞范氏天一阁书目内编》十卷。这些书目反映出各个时期书籍的收藏情况。

过去范氏把图书束之高阁，不肯让外人阅读。继黄宗羲之后，入阁读书的知名学者亦屈指可数，仅李邺嗣、万斯同、徐乾学、全祖望、袁枚、钱大昕、阮元、冯登府、薛福成、缪荃孙等十余人而已。天一阁那种严密的封闭状态持续很久。郑振铎先生在《录鬼簿》一书题跋中说到，1931年，他和赵万里先生、马隅卿先生从北京南下访书，专程到宁波，"日奔走谋一登天一阁，而终格于范氏族规，不得遂所愿，盖范氏尝相约，非曝书日即子孙亦不得登阁也"。

藏书秘不示人，这在我国古代私人藏书楼的管理方面是带有普遍性的，也有其可以原谅的苦衷。然而只靠一家一族的力量终难世守，近人缪荃孙在《天一阁始末记》中谈到他当时目睹的天一阁，已经是"阁既残破，书亦星散"，"但见书帙乱叠，水湿破烂，零篇散帙，鼠啮虫穿"，呈现一副败落的景象。

1933年9月18日的一次大台风，吹倒了天一阁的东墙，书楼遭到一定程度的破坏。因范氏后人无力修复，宁波地方热心人士便向社会发起募捐，花了三年时间，对天一阁进行了一次大修。

　　天一阁修理全部落成实已进入1937年，就在这一年卢沟桥炮响，全国抗日战争开始。宁波地方人士主张天一阁古籍易地保护，便帮助范氏先将部分精本移至鄞西茅草漕范大冲墓庄，一年后又将其他明刻明抄本藏于鄞南茅山范钦墓庄。因时局日益紧张，国民政府教育部于1939年4月9日下令拨款，在浙江图书馆和鄞县文献委员会工作人员的协助下，把全部图书分装二十三大箱，用卡车运至浙南龙泉县福泽乡砬石村，租屋存藏，由范氏推定的范召南会同管理。1941年4月，宁波沦陷，日寇登天一阁虎视，见书去楼空，只好束手而回。1945年8月，日本投降。次年冬，藏书运回归阁。

　　此后，范氏裔孙和地方人士组设"天一阁管理委员会"，阁书定章公开阅览。但对阁书无力整理和修补，只是偶有外地文教单位委托抄书，接受计费代办此事而已。

（五）枯木逢春获新生

中华人民共和国成立后，宁波市人民政府委派了专职干部加强了天一阁的管理工作。1961年4月15日，浙江省人民委员会公布天一阁为重点文物保护单位。国家多次拨款，维修了藏书楼，整理周围环境。在维修中贯彻"维护原状，保持现状"的原则。

当地文物管理部门贯彻执行了国家"重点保护""古为今用"的方针，陆续收集散存在民间的天一阁原藏图书三千多卷；又设修书员，专门进行藏书的修复工作；图书的虫蚀现象不再发生；还继承了合理的传统制度，加强防火管理，在书楼内不装电灯，不准吸烟，使藏书得到妥善保管。

天一阁保存下来的图书中，以明代地方志和科举题名录这两类书为最完好，不但纸墨精湛，而且大多保持明代包背装的装帧形式。现藏明代地方志二百七十一种，其中百分之六十五是海内孤本。登科录、会试录、乡试录有三百七十种，大部分也是仅见之本。管理部门为地方志置配了一批硬木盒子，一部书装一盒，减轻书籍受到的压力，防止移动时损坏。

从此以后，天一阁藏书才真正为广大人民所利用，各地科研单位、大专院校的许多研究人员和文史工作者，纷纷进入了这个知识宝库。他们辑录天文、地震、地质、医学、农政、水利、陶瓷、印刷术等自然科学史和农业、手工业、海港史方面的资料，以及农民起义、民族发展、文学艺术和人物传记等社会科学史料。中国科学院图书馆和上海图书馆先后派人到阁，拍摄全部明代方志的胶卷。天一阁管理部门还协助云南、广东、甘肃、广西、山东、山西、天津、安徽、湖北、江西、河南等省市图书馆和有关学术单位，代为抄录了近千万字的资料。又配合上海出版部门影印《天一阁藏明代地方志选刊》，共计一百零七种，大大便利了读者对天一阁藏书的利用。

由于天一阁成了国家的一个藏书单位，宁波许多著名的藏书家也先后把自己珍藏多年的图书、绘画、碑帖等文物捐献给天一阁收藏。如"张同捐献其父张琴所藏书帖，张伯觐捐献其父张申之书籍，刘同坡兄弟捐赠其父刘楚芗书籍，张爽清捐赠其父张世训书籍，李蕴女士捐赠己有书籍，共有百余箱之多"[10]。"鄞徐荣增、荣辉、荣棠兄弟将厥考馀藻先生遗书捐赠天一阁"[11]，计医书三十二箱。以上所赠书籍，在1956年成立宁波市图书馆古籍部时，均调拨该馆整理入藏。1957年，张季言先生家属赠送"樵斋"藏书五万余卷。1979年，朱赞卿先生家属赠送"别宥斋"藏书十余万卷，字画文物一千七百余件。同年，孙定观先生赠送"蜗寄庐"藏书，杨容林先生家属赠送"清防阁"藏书，均在万卷以上。过去，藏书家们书籍的获得良非易事，从中凝结着汗水和辛劳。他们有的节衣缩食，经、史、子、集兼收并蓄；有的批校题跋，长年累月以此为乐；有的在战乱的环境里，不顾个人安危，跟随图书颠沛流离。今天，藏书家们的一张张献书辞，不但体现了爱国主义精神,而且还表达了要把辛勤积累的藏书与天一阁并存,以造福后人的心愿。目前天一阁所藏古籍已达二十万卷,其中珍椠善本有七万余卷,可与山东、江西、浙江等藏书丰富的省级图书馆媲美。天一阁藏书的不断充实,资料内容的日益丰富,受到广大学者的欢迎。

（六）人民珍惜胜明珠

1949年，敬爱的周恩来总理在一次会议上指示南下大军要保护好天一阁。[12]

1958年11月4日，中共中央副主席刘少奇亲自到天一阁视察。

1962年10月26、27两日，全国人大常委会副委员长郭沫若连访天一阁，亲笔题写了大幅中堂，诗曰：

> 明州天一富藏书，福地琅嬛信不虚。
> 历劫仅存五分一，至今犹有万卷余。
> 林泉雅洁多奇石，楼阁清癯类硕儒。
> 地六成之逢解放，人民珍惜胜明珠。

接着，郭老还题了一副对联："好事流芳千古，良书播惠九州。"

此后，国家领导人先后到过天一阁，鼓励天一阁工作人员为保护优秀的民族文化遗产作出贡献。

在保存和利用祖国历史文献资料方面，天一阁文物保管部门的工作人员付出过辛勤的劳动，他们默默无闻地收集整理，修残补缺，考证介绍，接待来访，提供阅览。尤其值得一提的是,"文化大革命"十年动乱期间,在困难情况下,他们千方百计地使天一阁藏书不受损失,同时深入废品仓库、造纸厂,以及所谓"扫四旧"现场,抢救古籍文物。有一次,他们在大堆废书废纸中发现天一阁原藏散出的明抄本《周易要义》零页,就设法把所有的废纸都搬了来,再一页一页地找寻,居然除原缺者外全部找到,装订成册。

1980年,天一阁工作人员遵照周恩来总理生前"要尽快地把全国古籍善本书总目录编出来"的指示,编成《天一阁善本书目》初稿,并送交全国汇总。天一阁珍藏的文献资料又和学者们见面了。

1982年2月23日,国务院公布天一阁为全国重点文物保护单位。从此,我国民族文化遗产中的这一颗瑰丽明珠,发出更加灿烂的光辉。

（七）北库东园添新枝

天一阁新书库和东园的先后建成，犹如老树添新枝，显出格外蓬勃的生机。

随着天一阁散出书籍的陆续访归，地方藏书家的慷慨捐赠，天一阁藏书数量成倍增加，同时慕名前去查阅文献资料的学者也愈来愈多。因此，建筑一座新的藏书库已显得十分必要。十年动乱后不久，宁波市计委即把天一阁新书库作为一项重要文化设施建设列入了计划。

新书库由宁波市设计院设计，设计方案曾请上海同济大学建筑系专家审议。它是钢筋混凝土结构的一列三层楼房，使用面积九百八十平方米，可贮存三十万卷古书。在设计时，特别注意吸取天一阁古建筑的优点：方向朝南，前后开窗，二楼和三楼各通为一间，以利透风防潮；屋顶为人字形，以利散热；两旁砖墙作壁，以利防火；室内用硬质纤维地板，以利防尘；外部装饰小青瓦屋顶和马头墙，具有当地民间建筑的朴素风格。

新书库建造在天一阁后侧的西北角上，与明州碑林并列。从宝书楼到尊经阁，从明州碑林到新书库，均有石板路可通，沿途绿树成荫，气氛协调。新书库底层设有图书阅览室，窗明几净，环境幽静，又是一个读书的好地方。

过去，一些地方人士筹款帮助维修天一阁时，曾规划在明州碑林中间新建一座书库和阅览室，后因多方面的原因未能如愿。如今，前人梦寐以求的愿望终于实现了。新书库建成于1981年2月，它的拔地而起，再次证明了政府对图书文物事业的重视。

东园位于天一阁东南面，与天一池仅一墙之隔，占地面积约六千平方米。这里原是一片荒地，杂草丛生，沿墙有一条小路通往天一阁的正门，阴雨天气，道路泥泞，路旁荒冢累累，蛇虫出没。1959年爱国卫生运动中，才平整了土地，修理了道路，种上一些树木，移建两座石亭，又从市郊觅得石马、石虎、铁牛等放置树丛间，行人可自由出入。1974年，又搜集了碑石数十方，嵌入新筑的围墙上，园林才初具规模。

为适应旅游事业的发展，1982年开始了东园扩建工程。陆续移建清末硬山式木结构平屋和歇山式木结构平屋各一幢，室内陈列明清法帖刻石和名家书画。又在园中挖土成池，堆土成山。山水之间有曲溪相连，溪上架低矮平舒的石桥，以划分水面，增加造景。池称"明池"，广约二亩，蓄水量比天一池大十倍，水面的拓展，体现了"天一生水""以水制火"传统的延续。

东园的扩建于1986年10月竣工。它的命名，不仅由于此园位在天一阁藏书楼之东，而且和明池的"明"字相联，含有纪念东明山人范钦的意思。入阁参观者至此，或独步幽篁里，或注视绿荫间，或少憩于石亭，或徜徉在池边，更可览赏江南园林清逸秀润的风貌和宁波古代文化的遗存。

（八）宾朋满座话开放

天一阁是宁波市对外开放较早的一个单位。自1979年至1986年的八年间，共接待了全国各地大专院校、科研机构、文化出版等单位一千余个，中外学者三千余人，提供了大量文献资料。又接待海内外参观者五十二万人次。其中外国人七千八百二十八人次，他们来自五大洲五十二个国家，有外交官、专家、学者、企业家、工人、农民、学生、医生、教师、记者、图书馆工作者、律师、佛教徒等各界人士。参观者无不盛赞天一阁所保存的中国灿烂的古代文化。

来访的外国人中半数以上是日本人。日本是近邻，在文化上很早就与我国有交往。古代的明州港（宁波），又是通往日本的主要港口之一。因此，日本知识界中，有很多人久闻天一阁之名。1980年5月，一位日本文学家来访时说："我在五十年前，还是学生的时候，就想到天一阁来，今天总算如愿了。"在上海外国语学院任教的一位日本朋友两次访阁，赠诗一首云："腊梅吐芳时，隔海忆明州，湖畔存古阁，天一美名传。"表达了他对中国的友好感情。1985年3月，日本福鼎大学一位教授来阁参观时也说："天一阁是中国古老的文化宝库，名闻中外。未参观之前，在我的想象中天一阁经过'文革'的洗劫，一定不存在了，今天目睹天一阁保护如故,而且藏书比原来要多,环境又很优美,使我们非常高兴。天一阁工作人员保护有功!"

有的外国学人和艺术家还通过有关部门介绍,不远万里到天一阁访书。如一位美国学者,为研究中国哲学思想史,根据中国科协与美国美中学术交流委员会的交流计划,来华进行短期研究工作,特地到天一阁,查阅了明成化刻本《丁亥集》等六种书。临别前他留言道:"善本书保护极佳,借书效率高,环境幽雅,所读书皆国内外不易多见之精本,获益良多。"美国历史工作者代表团,为研究中国明清社会史、中国法制史等,也在天一阁查阅了明嘉靖刻本《大明律》等书籍。日本吴昌硕胸像呈赠团鉴赏了阁藏历代名画法书十余件,临行前向天一阁赠送了自己的书法作品。

有的外国朋友回国后,撰文并刊登照片介绍天一阁,有的寄赠自己的著作或其他书刊。德国哥廷根大学汉学系的一位博士研究生,特地函索资料,以天一阁为题撰写博士论文,他说:"我选这个题目是因为你们天一阁是世界上最有名的藏书楼之一,本国虽然有关于天一阁的资料,但是我还缺少一些重要的书……"如今,天一阁不仅是祖国历史文化遗产的宝库,而且在中外文化交流中发挥了前所未有的作用。

(1)全祖望:《湖语》。
(2)(4)全祖望:《天一阁藏书记》。
(3)沈一贯:《天一阁集序》。
(5)沈叔埏:《颐采堂文集》卷八。
(6)缪荃孙:《天一阁始末记》。原文:"道光庚子(1840)"误

（7）黄家鼎：《天一阁藏书颠末考》。
（8）徐时栋：《烟屿楼笔记》。
（9）冯贞群：《鄞范氏天一阁书目内编序》。
（10）马涯民：《天一阁记》。
（11）冯贞群：《宁波市图书馆医籍目录例言》。
（12）国家文物局理论组：《缅怀周总理对文物考古工作的亲切关怀》，载《文物》1977年第1期。

天一阁史事琐考

天一阁藏书的历史，自清初以来，不乏记载，黄宗羲、全祖望为之作藏书记，阮元、薛福成为之编目。近时各大报刊登载的介绍文章更不下数十篇。天一阁在我国文化史上的地位和影响已逐渐为人们所了解。但终因缺乏明代建阁初期时的文献资料，所以对若干史事众说纷纭。如果不加稽考，只凭道听途说，主观臆测，便容易张冠李戴，以讹传讹。为了避免在天一阁藏书史的研究中造成混乱，试举数例，考析如下。

（一）建阁时间

关于天一阁创建时的情况，范钦没有为我们留下确切的资料。雍正《宁波府志》称，范钦同里好友张时彻、丰坊曾作过藏书记。但二记不见于其他记载，前人早已疑为误传，今亦访之不得。

清康熙十二年（1673），范钦曾孙光燮（友仲）破戒引黄宗羲登阁。过了七年，黄宗羲作《天一阁藏书记》说："天一阁书，范司马所藏也，从嘉靖至今，盖已百五十年矣。"他告诉我们天一阁创建于嘉靖年间，而具体年份并未确指。如果从作记时的康熙十八年（1679）往前推一百五十年，该是嘉靖八年（1529）。此时范钦才二十四岁，尚未考中进士，有书亦不会多，自然没有建造书楼的必要与可能。

康熙十四年（1675），李邺嗣辑《甬上耆旧诗》，各人有传，在范大澈传中说："初，司马公归里，于宅中起天一阁，藏书极浙东之盛。"考范钦去官归里，时在嘉靖三十九年（1560）冬，归里后建造天一阁，其上限当为嘉靖四十年（1561）。李邺嗣原名文胤，与万斯同等求学于黄宗羲，诗文卓然成家，学者称杲堂先生，一生重视乡邦文献，其说当为可信。

乾隆四十年（1775），弘历作《文源阁记》，开头说："藏书家颇多,而必以浙之范氏天一阁为巨擘,因辑《四库全书》,命取其阁式,以构庋贮之所。既图以来,乃知其阁建自嘉靖末,至于今二百一十余年。"乾隆帝在写这段话之前,曾派人作了实地调查,详见乾隆三十九年(1774)谕旨。文中说的嘉靖末年,即嘉靖四十五年(1566),天一阁建阁时间的下限当不晚于这一年。

依据上述具体记载,所以我们通常说天一阁创建于嘉靖四十年至四十五年之间(1561—1566)。但是,有人不知此说之来历,便主观臆测,如《艺术世界》1980年第二辑载《名重海内天一阁》,文中说:"这座木结构楼阁,于嘉靖四十年开始鸠工庀材,造了六年,到嘉靖四十五年竣工。"同年3月,浙江人民出版社出版的《宁波导游》一书也说:"天一阁从明代嘉靖四十年开始兴建,到嘉靖四十五年落成。"而香港《文汇报》1984年9月4日载《南国书城——天一阁》一文,则以为"始建于嘉靖四十年,五年后落成"。同年10月10日,《光明日报》上《南国书城——天一阁》一文更说:"嘉靖四十年范钦开始兴建天一阁,嘉靖四十五年天一阁建造完毕,历时四年。"上述所谓"造了六年""五年后落成""历时四年",都是没有根据的。

又如中国旅游出版社出版向国外发行的宁波风光照相明信片,在用中、英、日三种文字书写的说明中写道:"城内天一阁,建于公元1516年(明正德十一年),是我国最早的藏书楼之一。"正德十一年,范钦才十一岁,若说此时已建造藏书楼,那更是无稽之谈。

（二）命名由来

范钦号东明，所以他的藏书处初名"东明草堂"，这有藏书印章可证。后来随着藏书数量的增加，便在住宅的东面建一书楼，称"天一阁"。

乾隆三年（1738），全祖望《天一阁碑目记》中才说到天一阁命名的由来："阁之初建也，凿一池于其下，环植竹木，然尚未署名也，及搜碑版，忽得吴道士龙虎山天一池石刻，元揭文安公所书，而有记于其阴，大喜，以为适与是阁凿池之意相合，因即移以名阁。"后来，他在《揭文安公天一池记跋》文中还进一步阐述了天一阁命名之旨："张真人龙虎山天一池，揭文安公为之记并为之书，别有天一池三大字。吾乡范侍郎东明筑阁贮书，亦取以水制火之旨，署曰'天一阁'。而凿池于其前，双勾文安三大字，将重摹上石，未果而卒，今其旧刻归于予。"

然而，今人往往未读《天一池记》原文，便演绎引证，如《宁波导游》和1984年10月10日《光明日报》载《南国书城——天一阁》、1987年4月21日香港《文汇报》载《范钦和他的天一阁》都说："有一次，他翻阅碑帖，看到揭傒斯书写的《龙虎山天一池记》碑帖中有'天一生水、地六成之'的话，受到启发，就将书楼取名为天一阁。"其实天一池记碑文只说到"天一生水",而没有"地六成之",拓本影印件见1936年4月30日出版的《金石书画》第五十六期,碑文收入《龙虎山志》卷十四。

《天一池记》撰于元至正七年(1347),谓:"……吴公凿大池宫南门之外……请名吴大宗师,宗师曰:'夫生天地者道也,载天地者气也。无形曰道,有形曰气,气者道之用也。道为万物之祖,气为万物之母,道与气一而已。故天一生水,一者万物之所由生也,一之生无穷,万物之生生亦与之无穷,故一者万物之终始也,宜名曰天一之池。"

"天一生水"之说,出自《周易》郑康成注,该书《系辞》注云:"天一生水于北,地二生火于南,天三生木于东,地四生金于西,天五生土于中。阳无耦,阴无配,未得相成。地六成水于北,与天一并,天七成火于南,与地二并,地八成木于东,与天三并,天九成金于西,与地四并,地十成土于中,与天五并也。"阴阳五行之说颇为玄奥,一般人不易理解。弘历《文源阁记》和阮元《天一阁书目序》都认为天一阁的建筑上通为一,下分六间,皆有精义,盖取"天一生水,地六成之"之意。

所谓"天一生水,地六成之"只是后人的一种简写。《文汇报》1979年3月28日《记天一阁》和《浙江图片新闻》1979年第六期《重游天一阁》文中说,范钦"有一次披览古帖,看到汉代郑玄(康成)注解《易经》中有'天一生水,地六成之'的话,遂决定以天一为书楼命名"。显然这个说法也是不合乎实际的。

（三）书楼形制

天一阁藏书楼是木结构建筑。创建后经过一百余年，至康熙初，范钦曾孙光文在阁前增构池亭。[1]康熙二十五年（1686），光燮归里后，见屋宇已经陈旧，便"葺天一阁诸屋，以安祖泽"。[2]

乾隆四十年（1775），弘历《文源阁记》说，天一阁"至于今二百一十余年，虽时修葺，而未曾改移"。仍然保持明代藏书楼的原貌。所以，我们只要考查这一时期的记载，就可以搞清楚天一阁书楼的形制。

弘历曾于乾隆三十九年（1774）六月派杭州织造寅著专程到天一阁作调查。不久，寅著奏称："天一阁在范氏宅东，坐北向南，左右砖甃为垣，前后檐上下俱设窗门，其梁柱俱用松杉等木。共六间，西偏一间安设楼梯，东偏一间以近墙壁，恐受湿气，并不贮书。……阁前凿池……阁用六间，取'地六成之'之义，是以高下深广及书橱数目尺寸俱含六数。"这便是藏书楼形制的最早记载。

同是乾隆年间纂修的《鄞县志》，卷首有木刻《天一阁图》，更形象地记录了书楼外部的面貌：屋顶为硬山式，阁前阶沿设有栏杆。

乾隆帝"数典天一之阁"，建造文渊、文源、文溯、文津、文宗、文汇、文澜七阁，以贮藏《四库全书》。但是，若以文渊阁为例，与天一阁比较，二者仍有很大差别。文渊阁也是一列六间，采用偶数，外观分上下两层。阁前浚池，引金水东绕。阁后叠石为山。在全体平面布局上它虽保持了天一阁的主要特征，但内部结构与天一阁有很大不同，它利用腰檐地位，增为上中下三层，因此体量比天一阁高大。同时在外观上，屋顶改硬山式为歇山式。这些改变，与藏书量比天一阁多有关，更要顾及宫廷建筑群的环境协调。现存的文津阁、文溯阁、文澜阁均与文渊阁大同而小异，一扫民间藏书楼的风貌。

现在，唯一可以和天一阁相印证的，只有宁波卢址的抱经楼。它建于乾隆四十二年（1777），完全摹仿天一阁书楼形制，无论内部结构和外观，均与天一阁一模一样。今楼前池石已毁；书楼依旧，楼下中厅搁栅上所绘水波纹尚清晰可见。

随着岁月的流逝，至道光九年（1829），天一阁已历经近三百年的风雨侵袭，此时，范氏后人竭尽全力，发起了一次大修。据周彦《范氏重修天一阁记》，当时范邦甸等"节省祀田之余，鸠工庀材。上自栋瓦，下至阶庭，左右墙垣，罔不焕然一新，阅八月而告成。明年，更复修砌岩石（假山），浚深池水，所费计千余缗"。同年八月，范氏禁牌中也说："书阁建造，历有年所，虽时经修理，总恐日久难支。今春会同子姓，筹费鸠工，需用繁多，程工浩大，后人因修理之维艰，益思创建之非易，宜各恪遵勿替。"此次大修，亦未改变书楼的面貌，我们可从同治、光绪年间湖北祝永清绘制，1935年摹刻上石的《天一阁图》中知见一般。

此后，因财力所限，天一阁维修工程，往往借助外力来进行。咸丰十一年（1861），天一阁书被窃，阁墙残破。至光绪十年（1884），宁绍台道薛福成备兵浙东，政务余闲，加意于阁书，重编见存书目，并"以俸钱葺治其屋"。[3]民国初年，天一阁藏书又大量被窃。十七年（1928），林集虚编《目睹天一阁书录》，与范氏后人商定"开阁以十天为期"，其时"阁中正柱为虫蚀，欲修乏资，召工估计，需银百有余版，集虚欣然任之"，[4]以此作为交换条件。

1933年9月，天一阁遭台风袭击，阁东墙圮，鄞县文献委员会发起集资修葺。此次落架大修，书籍临时迁藏范氏诒穀堂，前后历时三年，用银一万四千余元。拆除底层檐下木栏杆，增设上层檐下铁栏杆，改筑围墙，浚天一池，修前后假山。阁前右壁补筑一亭，嵌丰坊临兰亭刻石，因名"兰亭"。阁后移建尊经阁。故面貌有所改观。但书楼平面布局，梁柱结构及硬山式屋顶等基本建筑特征仍保持原状。

1949年以后，虽经多次维修，仍遵循"维护原状，保持现状"的原则。但近人不知其详，竟有据《西厢记》插图来寻踪问迹者。原来，是《文汇报》上《记天一阁》一文告诉读者："数十年前，郑振铎同志也曾来过这里，当时他这样写道：'屋顶作半穹形，大似明代版画中之图式，古趣盎然……是入王伯良校注《西厢记》之画中矣！'"这篇文章被收入《新华文摘》，其中这段话又为《浙江图片新闻》上《重游天一阁》一文所转引，给了人们较深的印象。

考郑振铎的这段话，见于《录鬼簿》一书的跋文。文中记叙了他与赵斐云、马隅卿两先生南下访书的情景:"……此数日放诞高论,旁若无人,自以为乐甚。夜寓隅卿老宅东厢,屋顶作半穹形,大似明代版画中之图式,古趣盎然。予尝笑谓二君曰:'是入王伯良校注《西厢记》之画中矣!'隅卿日奔走谋一登天一阁,而终格于范氏族规,不得遂所愿,盖范氏尝相约,非曝书日,即子孙也不得登阁也。"可知,这一次郑振铎并未登天一阁,所指半穹形屋顶的建筑是在"隅卿老宅东厢"。引文与原文一对照,张冠李戴的毛病便显而易见。

（四）藏书来源

天一阁藏书来源主要有四个方面：一是范钦足迹所到之处留心收集。他曾在湖北、江西、广西、福建、云南、陕西、河南等省做过二十多年的地方官，足迹几乎遍及当时半个中国，因此，有机会收集各地的乡试录、地方志、诗文集等文献资料。二是向藏书之家借抄。他曾向丰氏万卷楼抄书，又与王弇州有藏书互抄之约。王弇州答范钦书云："所谕欲彼此各出书目，互补其阙失，甚盛心也。……长夏小闲，当如命也。"范钦《吹剑录外集跋》云："是书，余借之扬州守芝山，冗病相缠，委致几阁，亦且数月，夏五下旬，乃抽闲录之，四日而就。念予善忘，掷笔固不能一一忆也。辛亥岁、甬东范钦识。"[5]可见当时借抄之广，不限于一时一地。三是购入丰坊万卷楼、袁忠彻静思斋等故家散出之书。全祖望《天一阁藏书记》说："是阁肇始于明嘉靖间，而阁中之书不自嘉靖始，固城西丰氏万卷楼故物也。"万卷楼遭火灾，藏书所存无几，幸存之余即归天一阁。后来丰坊穷困潦倒，其碧沚园和万卷楼刻石均归范氏，他曾写道："碧沚园、丰氏宅，售与范侍郎为业。南禺笔。"[6]四是得自友朋所赠，如钱大昕在编《天一阁碑目》时曾见《赵圉令碑》背面有范钦手书"凤洲送"三字。[7]

现在尚须进一步考证的是范钦天一阁与范大澈卧云山房之间的关系。

《文献》第一辑载《在周总理关怀下北京图书馆入藏的一批善本书》一文,在介绍《佛遗教经》宋拓本的流传经过时,说此本"曾是明代永乐宣德间官吏袁忠彻的家藏,后归范氏天一阁。范大澈在其所著《碑帖纪证》一书中曾有著录"。但是此本不见于《天一阁碑目》,范大澈《碑帖纪证》是这样记的:"……遗教经唐释道常书也。余得宋拓一帙,有剥蚀处,并有宋元及国初人题跋,真奇物也。又得完好一帙,似赵子昂临,俱袁尚宝忠彻家物。近见吴人刻之以射利者,竟不知何人书,要之,不曾见此二种也。"观此可知,《佛遗教经》从袁忠彻家散出后归于范大澈,并非归天一阁。又如《西泠艺丛》第四期,在介绍《集古印谱》一书时,一方面引录乾隆间蒋学镛的跋文,说大澈"性喜收藏古人公私名印,遂编有《集古印谱》"。[8]而另一方面却说大澈"晚年遂将天一阁藏印编集成《集古印谱》"。(蒋学镛《鄞志稿》说得更明白:"大澈集得秦汉以来铜玉印章数千,著为印谱。")显然《文献》和《西泠艺丛》的作者不了解范钦与范大澈的关系,因而误以为范大澈的收藏即天一阁的收藏。

溯其源,最初混淆二者关系的是清乾隆四十年(1775)编印的《钦定天禄琳琅书目》,卷九《初学记》提要谓:"有范大澈印,按后《艺文类聚》中亦有其收藏印记,称'四明范生',当属范钦后人,亦天一阁所藏也。"后来,1937年《文澜学报》第三卷第一期《两浙藏书家印章考》,便误断为"范大澈字子宣,钦子"。近年浙江人民出版社出版的《浙江文献丛考》一书,亦未加细考,称:"范钦殁,其子大冲、大澈克承先志,续有增藏。"都把范大澈说成是范钦的儿子。至今两个多世纪来一误再误,未曾得到纠正。

范钦和范大澈都是明代的藏书家,他们是叔侄,并非父子。大澈字子宣,又字子静,号讷庵,"从仲父钦游京师,官鸿胪寺序班,使琉球、辽东、朝鲜等处,玺书七下,进秩二品。月俸所入辄以聚书,闻人有抄本,多方借之。长安旅中,尝雇善书者誊写,多至二三十人。年六十七致仕。筑室郡城西郊,翻经阅史,品画评书者垂二十年。万历庚戌(三十八年)九月八日卒,春秋八十有七。所著有《灌园丛谈》《卧云山房遗集》"。(9)

范大澈与范钦的关系是很密切的,但有时也因书籍的事闹别扭,生闷气,"初司马公归里,于宅中起天一阁,藏书极浙东之盛。子宣数从借观,司马不时应。子宣拂然,益遍搜海内异书秘本,不惜重值购之,充其家。凡得一种,知为天一阁所未有,辄具酒茗佳设,迎司马至其家,以所得书置几上,司马取阅之,默然而去。其嗜奇相尚若此"。(10)大澈藏书处称卧云山房,"得秦汉以来图书至四五千有奇",(11)又收藏许多名碑古帖和公私名印。因藏书早散,故后人多知有天一阁,而不知有卧云山房。

那么,卧云山房藏书后来是否归入天一阁了呢?杭州大学历史系编印的《中国目录学史》认为:"范大澈收藏之盛,签题装辑之美,也不减于范钦。后并于天一阁。"此说源出

1932年金陵大学中国文化研究所印行的《天一阁藏书考》，谓"阮元《天一阁书目》已并合大澈之藏，故阮氏《天一阁书目》所列收藏印记，即有大澈之印"。这也是一种误传。考大澈藏书印有："范大澈印""子宣父""西园""生平乐事""沧瀛外史""范氏子宣""明州范生""卧云""范大澈图书记""范伯子""四明真逸""南海钓者""典属国印""典客侍从之臣""句章灌园叟""金峨玉几""丹山赤水""宝墨斋"等。(12)细检阮元《天一阁书目》及现存天一阁藏书，均不见范大澈的上述印记。合并之说，文献无征。

其实，当万历十三年（1585）范钦去世时，范大澈尚健在，卧云山房藏书正当兴盛之时，万历三十八年（1610）大澈去世，此时范钦之子大冲也已去世八年。在这期间，不可能把卧云山房藏书并入天一阁。明末清初时期，天一阁藏书增减变动不大，更无购入卧云山房藏书的记载。康熙初年，李邺嗣曾去卧云山房看书，他说："余家与鸿胪世有姻。余少时曾见其印谱一二册。及选《耆旧集》，往其家借书，虽残失过甚，尚有存者。"又说："今日追慕其风流，不可复见矣。"可知，卧云山房藏书自大澈殁后便陆续散出，仅仅过了半个多世纪，便已"残失过甚"。至乾隆时"已不可问矣"。(13)如《初学记》和《艺文类聚》皆流入清宫。

（五）藏书印记

收藏家的印章不仅是藏品归属的主要标志，而且也是后人查考藏品流传过程的重要佐证。正确识别天一阁的印记，对于确认散存的范氏旧藏和考证书籍版本都是有益的。举例来说，1983年，上海社会科学院经济研究所林其锬和《上海文学》编辑部陈凤金两先生集校《刘子》，他们见到一部《刘子》的无阑抄本，上钤"天一藏书"朱文方印，当时不知是否天一阁流散之本，寄来书影一页征询意见。经笔者考查，此印不是天一阁藏书印；天一阁散出的《刘子》原藏本为蓝丝阑抄本，此无阑抄本当非天一阁旧藏。后来，又经顾廷龙先生进一步考证抄本上的另外两颗印章，认为东莞莫伯骥号天一，此"天一藏书"印实为莫氏藏书章。[14]这样，就为《刘子》版本的研究提供了帮助。

最早著录天一阁藏书印的是嘉庆十三年（1808）阮元等所编《天一阁书目》，后来又有1928年林集虚编《目睹天一阁书录》和1940年冯贞群编《鄞范氏天一阁书目内编》。但是这三种书目只记录某书有某印，而并不注明某印为某家，因此要辨别清楚是哪家的藏印，就不那么容易。如叶昌炽的《藏书纪事诗》和近年出版的《浙江文献丛考》，都把明代袁忠彻的"静思斋"印章误认为是范氏天一阁的藏章。何况天一阁的藏书上有几代人所盖的印章，要区别那是什么人的藏印，尤其是那些闲章，同样是不太容易的。如《记天一阁》一文，就把范大冲的"小桃源里人家"印，说成是："范钦有一方印记，篆着'小桃园里人家'，可见他在月湖深处营建书楼是很得意的。"此处把"源"字又误作成"园"了。

研究天一阁藏书印记，可以从印章内容及其合用关系上来识别。《藏书纪事诗》首先分别著录了范钦的九颗和范大冲的六颗印章。冯贞群在《范钦传注》中增补了不少，同时又在范光文、范正辂、范邦绥等人的传注中著录了他们的印章。但与阮目对照，仍有错漏。如"四明山水野人手印"、"四明范氏家藏"、"子受"、"范氏子受少明图书印"、"四鸟楼"、"昆仑山人"（小印）、"范氏子受家藏"、"十洲三岛人家"诸印均失载。冯目中"范氏公定"朱文方印又误作"范氏岳定"。今将阁内存书中可见者注明印式，条理如下，以示区别。

范钦，正德元年（1506）九月十九日生，万历十三年（1585）九月二十八日卒，年八十。其印曰："范钦私印"（白方）、"范氏尧卿"（朱方）、"东明山人之印"（朱长方）、"东明山人"（朱长方）、"天一阁"（朱长方）、"天一阁主人"（朱长方）、"古司马氏"（朱方）、"司勋大夫"（朱方）、"范氏图书之记"（白方）、"四明范氏图书记"（朱长方）、"范"（朱圆）、"万古同心之学"（白方）、"和鸣国家之盛"（朱方）、"四明山水野人手印"（白方）、"尧鼎"、"范氏安卿"、"甬东范尧卿氏"、"东明"、"东明外史"、"东明草堂"、"一吾庐"、"七十二峰"、"壬辰进士"、"壬辰子大夫"、"司马之章"、"甬东范氏家藏"、"四明范氏家藏"、"范氏看画记"、"子子孙孙永传宝之"、"人生一乐",共三十颗。

范大冲字子受,钦之长子,县学生,入太学,授光禄寺大官署丞,嘉靖十九年(1540)三月十九日生,万历三十年(1602)四月四日卒,年六十三。其印曰:"范大冲印"(朱方)、"范大冲印"(白方)、"少明"(朱方)、"范伯子子受"(白方)、"范子受父"(朱方)、"范氏子受"(白长方)、"四明范大冲子受氏印"(朱方)、"子受"(白长方)、"昆仑山人"(小朱方)、"昆仑山人"(朱方)、"太白山人"(白方)、"龙山山人"(朱方)、"少明草堂"(朱方)、"三友堂"(朱方)、"碧沚书堂"(白方)、"渔湖丹室"(朱方)、"青松白鹤山房"(朱方)、"小桃源里人家"(朱长方)、"宋尚书裔"(白方)、"清宁宇宙中人"(朱方)、"诗言志"(白长方)、"范氏子受少明图书印"(朱方)、"四舄楼"(朱方)、"西郭草堂"、"范氏尚友古堂书画"、"范氏子受家藏",共二十六颗。

范大潜字子昭,号继明,钦之次子,万历壬子应天副举拣选教谕,嘉靖二十三年(1544)六月十一日生,万历十三年(1585)六月十二日卒,年四十二。因大潜先范钦三月而卒,藏书为大冲继承,故书上所盖印章稀见,其印曰:"范氏子昭"(朱方)、"景泉"(白方)。

范汝楠字公定,一字梁甫,号九如,钦之孙,大冲之长子,府学生,入国子监,万历九年(1581)十月二十九日生,天启二年(1622)十一月二日卒,年四十二。其印曰:"范氏公定"(朱方)、"九如"(朱方)、"十洲三岛人家"(白方)。

范光文字耿仲,号潞公,钦之曾孙,汝楠之长子,顺治六年(1649)进士,授礼部主事,迁吏部文选司,八年(1651)为陕西乡试正考官,万历二十八年(1600)七月八日生,康熙十一年(1672)正月十八日卒,年七十三。其印曰:"范光文印"(白方)、"光文"、"潞公"。

范光燮字友仲,一字鼎仍,晚号希圣老人,钦之曾孙,汝楠次子,恩贡生,康熙十五年(1676)为嘉兴府学训导,万历四十一年(1613)十一月六日生,康熙三十七年(1698)九月二十一日卒,年八十六。其印曰:"范光燮"(朱方)、"友仲"(白方)。

清康熙以后,天一阁书逐渐由入藏转向散出,范氏后人在书上加盖的印章极少。咸丰年间,藏书被窃,范钦十世孙邦绥"急借资赎回,始稍稍复归"。[15]其子彭寿参与藏书整理,偶盖"东浙藏书第一家"白文长方印。

民国三年(1914),天一阁藏书又大量被窃,范氏后人玉森、盈爌等奔走官厅,呈请返还。"范氏以无印记,讼之不胜"。[16]此后,凡窃余之书,每册首皆盖木刻"范氏天一阁藏书"篆书朱文方印。

以上总计藏书印六十八颗。据冯目附录,范光文尚有"茗园""朝剑""风雅轴"三印,范彭寿有"寅卿"印,范玉森有"锦文""范玉森"二印,因书目无记载,疑非藏书印,故不计在内。

明清时期,钤在书上的天一阁藏印不多,阮目著录(除进呈书外）三千七百十四部，其中盖印的仅一百零八部，不到百分之三。林目著录一千四百一十二部，盖印的六十八部。冯目著录（除少量清代续增书外）一千五百九十一部，盖印的除木刻"范氏天一阁藏书"印外，只有七十三部，计存印四十七颗。不过，《吉林图书馆学会会刊》1981年第五期《范氏天一阁藏书印考》说："冯贞群编《鄞范氏天一阁书目内编》时阁中却只见印二十颗，被冯氏收入《附录》中。"亦未免失察。其实《附录》所收印谱仅举数例而已，在印谱同页的书影上，尚有"范钦私印"，前几面书影又有"四明范氏图书记""范氏天一阁藏书""古司马氏"诸印。更多的为印谱所未收。

天一阁藏书中最常见的印记是"天一阁"和"范氏天一阁藏书"二印。值得注意的是这两颗印章原件至今尚存在阁中，现存"天一阁"（朱长方）木印，疑为民国时仿刻，所以书上"天一阁"之印，并非均为范钦所钤。

（六）管理旧制

自范大冲以后，天一阁藏书就不再作为财产再分配，而归其子孙共同所有。因此就产生了与家族公有制相适应的管理制度，如规定：子孙齐集方得开锁；不得无故开门入阁；不得私领亲友登楼参观和擅开书橱；不得擅将藏书借出外房及他姓；倘若有人把书籍拿出去典押，必定严加惩办等等。其目的是做到"书不出阁"，防止藏书为个人所占有。这样严格的规定，竟成了数百年来藏书不被瓜分豆剖的重要保证。但是，把书籍幽囚闭禁起来，不利于知识的传播和文化的交流。这种管理旧制是在一定客观历史条件下产生的，对此，我们自然应作实事求是的分析和评价。

《记天一阁》一文说："史学前辈谢国桢老先生在天一阁的走廊里，捧着罕见古籍，一坐数小时，边考边录，八旬之人，面无倦容。在散步时，他老人家跟我说：'解放前，版本学家赵万里先生来天一阁考察，吸取了郑振铎先生碰壁的教训，宴请范氏合族十二房一百零二户方得登阁。今日我平生第三次登天一阁，看到古代书籍保存得如此好，工作人员招待得如此周到热情，国家有幸，本人有幸。'"这件趣事，所记就与事实有出入。此文发表后一个月，笔者赴京开会，当时赵万里先生正养疴在家，他让北京图书馆同志转告："《记天一阁》一文说我'宴请范氏合族十二房一百零二户方得登阁',这是没有的事。"

其实,赵万里先生早在《重整范氏天一阁藏书纪略》中已说得很清楚,当时"相约七月二十五日起以一星期为限,开阁观书,在此期间,所有监视我们的范氏族人膳食费都由我负责筹款担任,但须向鄞县县政府补递一封公函,以便据以备案"。协助编目的朱赞卿先生也说:"1933年秋,赵万里重整天一阁见存书目,余为之邀集写官五人,并几编写,挥汗如雨,历七日之久。"(17) 并无宴请的记载。可知当时赵万里先生付出的只是书楼管理人员的七天伙食费。

考范氏世系,亦无"合族十二房"的记载。二世大冲之后,三世有男丁汝楠、汝桦二人,四世光文、光燮、光交三人,五世正辂、廷辅等九人,六世从益、从夔等十八人,七世永泰、永恒等二十七人,八世懋柱、懋敏等四十四人,九世与龄、遐龄等四十九人,十世邦甸、邦绥等六十二人,十一世多福、彭寿等七十八人,十二世玉森、盈洼等六十五人,十二世后不及细载。从1934年范氏子孙参加"重修天一阁委员会"的人数来看,当时住在本地的仅十余户而已,余均迁居在外。

光绪年间,缪荃孙《天一阁始末记》曾说:"光绪三十四年,内兄夏闰枝守宁波,余欲登阁观书,闰枝于八月间与范氏订约,至次年始得复。司马后人一百有二家须均允乃得登,旧例也。"不知"一百零二户"之说是否源出于此?

说来也巧,1981年谢国桢先生再次访阁,他看了《记天一阁》原文,摇摇头说:"我没有讲过这些话。"当天,谢先生挥笔题了"天一阁"三个大字,边款云:"桢因故友郑西谛、马隅卿、赵斐云诸先生之启发,得以数登天一阁。后又识冯孟颛、朱赞卿先生,得以校辑谢山《鲒埼亭集》。今又承嗣斌诸同志热情接待,情不自已,书此匾额,效墨卿遗法,愧不成字,殊为赧赧,不足以补壁也。1981年4月30日,八十老人谢国桢,时游四明。"(18)

（1）（10）（11）李邺嗣:《甬上耆旧诗》。
（2）范廷文:《希圣公小传》。
（3）钱学嘉:《天一阁见存书目跋》。
（4）林集虚:《目睹天一阁书录缘起》。
（5）江苏国学图书馆第三年刊《普善本书题跋辑录》。
（6）徐兆昺:《四明谈助》。丰坊号南禺外史。
（7）钱大昕:《天一阁碑目》。
（8）蒋学镛:《范氏集古印谱跋》。
（9）郑梁:《讷庵范公传》。
（12）乾隆:《钦定天禄琳琅书目》卷九。
（13）钱维乔:《日湖访古录》。
（14）林其锬、陈凤金:《刘子集校前言》。
（15）范彭寿:《重编天一阁见存书目跋》。
（16）冯贞群:《鄞范氏天一阁书目内编凡例》。
（17）朱赞卿:《驳天一阁五劫文》。
（18）本文定稿后,笔者查到1933年8月15日上海版《宁波日报》。据报道,"此次赵氏来甬编订图书目录,所费实达二百元。盖该阁为范氏六房所公有,每房长管钥匙一把,而六房中子姓大半式微,故每日之伙食不得不由赵氏供给"。读者览此,真相自明。

天一阁藏书的管理

"明州天一富藏书，福地琅嬛信不虚。"这是郭沫若赞誉天一阁的诗句。

"琅嬛福地"乃传说中仙人藏书的地方，故事见元伊世珍的《琅嬛记》。据说古时候有个名叫张华的读书人，一次外出，路遇一人。"其人议论超然，华颇内服，相与欢甚。因共至一处，大石中忽然有门，引华入数步，则别是天地，宫室嵯峨。引入一室中，陈书满架，其人曰：'此历代史也。'又至一室，则曰：'万国志也。'每室各有奇书。……华历观诸室，书皆汉以前事，多所未闻者。……华心乐之，欲赁住数十日。其人笑曰：'君痴矣！此岂可赁地耶？！'即命小童送出。华问地名，对曰：'琅嬛福地也。'华甫出，门忽然自闭。华回视之，但见杂草藤萝绕石而生，石上苔藓亦合初，无缝隙。抚石徘徊久之，望石下拜而去。"诗人非常巧妙地拿"琅嬛福地"来比喻天一阁，形象而又生动地说明了天一阁是一个重要的文献宝库。它之所以能够幸存至今，与其管理方法有一定关系。

（一）以水制火，火不入阁

清代学者阮元在《天一阁书目序》中说："余闻明范司马所藏书，本之于丰氏熙、坊（丰熙、丰坊父子）。以阁构于月湖之西，宅之东，墙圃周回，林木阴翳，阁前略有池石，与阛阓相远，宽闲静闷，不使持烟火者入其中，其能久一也。"认为注重防火是天一阁能够保存长久的一个重要原因。

我国历史上藏书楼毁于火灾的事例，真是不胜枚举。在宋代，如叶梦得、宋常山家的藏书，均在三万卷以上，后来这两家的藏书俱毁于火。宋代学者尤袤曾说："吾所钞书，饥读之以当肉，寒读之以当裘，孤寂而读之以当友朋，幽忧而读之以当金石琴瑟也。"他建造藏书楼称"遂初堂"，光宗皇帝还赐题了匾，荣极一时，但不久却书烬于火。在明初藏书家中也有设法避免火灾的，如杭州人张翱，他把书楼建造在水中央，"庋置甲乙，悉有次第，以小舟通之，晡后即禁往来"。终因天长日久，麻痹大意，没有严格执行用火制度，室内部分藏书仍遭火患。明代著名学者钱谦益的"绛云楼"，藏书特富，其中有宋刻孤本，但是由于藏书楼内住着家属，小孩闹玩，油灯倒地，引起大火。绛云一炬，缥缃签题荡为灰烬，使后人感叹不已。

为了使天一阁得到永久保存，范钦曾动了不少脑筋。他总结并借鉴了历代藏书楼的经验教训。尤其是离开他家不远的丰氏万卷楼不慎失火，触目惊心，教训深刻。因此，他首先注意书楼的防火安全。当书楼建造之初，即在附近凿一水池，蓄水备用。相传天一池与月湖暗通，池水终年不涸。阁的四周都有空地，并建筑围墙，起到了隔绝火种的作用。

范钦不但依据古书上"天一生水"的说法，取"以水制火"的意思，移"天一"两字名阁，而且还取"地六成之"的意思，来进行书楼的布局设计。他打破一般建筑物忌用偶数的格局，把书楼分建六间，东西两旁筑起封火墙；在楼下中厅上面的阁栅里，绘了许多水波纹作为装饰。这些都充分反映了他期望书楼免于火患的愿望。

在管理方面，长期来严格实行禁止烟火入阁的制度，至今，楼梯边仍挂着一块"烟酒切忌登楼"的大字禁牌。从现有资料来看，清道光九年（1829）八月，天一阁还订立过管理细则十一条，其中规定："阁下六间并前后游巡明堂，俱不得堆积寄放物件，暂行工作，及护程上挂晒衣裳"；"总门内外不得安放凳桌，堆积物件，致碍行走"。显然，当时已经考虑到在紧急情况下要保证道路畅通。清光绪三十四年（1908），缪荃孙随宁波太守夏闰枝去天一阁看书，"范氏派二庠生衣冠迎太守，茶毕登阁，约不携星火"。就足以说明其防火制度之严，连当地的太守也不许违背。

天一阁注重防火的事，对后世有深远的影响。早在两百年前，乾隆皇帝在考虑建造庋藏《四库全书》的书楼时，就想到要吸取天一阁的防火经验。他在乾隆三十九年（1774）六月二十四日的上谕中说:"闻其家藏书处曰天一阁,纯用砖甃,不畏火烛,自前明相传至今并无损坏,其法甚精。……今办《四库全书》卷帙浩繁,欲仿其藏书之法,以垂久远。"传说在文渊阁、文源阁、文溯阁、文津阁、文汇阁、文澜阁、文宗阁定名时,采用渊、源、溯、津、汇、澜这几个字,偏旁用水,就是取以水制火的意思,只有宗字例外,相传那是因为文宗阁建造在镇江金山上,此处面临大江,不缺水,所以不用水旁的字了。

不过在民间,由于对天一阁防火的具体情况不够了解,传闻中往往带有主观的神秘色彩,说什么:"烟波四面阁玲珑",[1]"遥知呵护有卿云",[2] 以及"月湖边上,三面临水"[3] 等等,其实并非如此。如果"四面皆水"[4] 或"三面临水"的话,当时就不必再在阁前凿池蓄水了。上引乾隆帝所闻天一阁"纯用砖甃,不畏火烛",亦系误传。书楼是两层木结构建筑,除两旁封火墙防遇外火危及之外,本身并无抵御火灾的能力。所以长期坚持执行严格的防火管理制度就显得十分重要。

诚然,事物总是一分为二的。1949年以前,范氏后人由于经济、文化和社会地位的低落,在用火管理制度执行方面也逐渐松弛下来。1931年夏,著名文学史家郑振铎和版本目录学家赵万里专程访阁,他们就看到天一阁楼下有人烧火煮饭。赵先生说:"阁前一泓清水,有小桥可通前后假山。青藤和不知名的羊齿类植物,荫盖着全部的山石,石上小亭摇摇欲坠。阁后一片荒凉,青榆树高出屋沿……东面一间租给闲人住着,炊烟正从窗缝里吹向阁的上空,那时住家的媳妇正在预备晚餐。……细察阁的建筑方式，和其他宁波住宅并无多少不同之点。所用材料，简陋非凡。消防设备，简直等于零。"可知那时天一阁已面临着火灾的危险。

因此，1953年，浙江省人民政府拨专款购入天一阁西边的民房一幢，从此灶间单列，便于用火管理。后来又把灶间迁至离阁五十米的地方，并在天一阁屋顶上安装了避雷针；规定书楼内不装电灯和其他一切电器设备；规定凡进入天一阁大门者不准吸烟，以隔绝灶火、雷火、电火和烟火。

在隔离火源的同时，还继续发扬"以水制火"的传统，想方设法开发水源。不仅安装了自来水管及消防龙头，而且在东园的扩建工程中坚持以池水为中心的设计思想，把园林建设与防火工作紧密结合起来。东园与天一池只有一墙之隔，便在墙脚边筑沟渠，往东南延伸，凿一大池，即为"明池"，环池有竹林、假山、石亭、碑林、陈列室等，成为游人乐而忘返的新景点。

天一阁管理部门还数十年如一日做好日常管理工作。现在虽然有了现代化的通信、报警、灭火等设备，但仍然坚持全天二十四小时值班制，并在此基础上进行夜间巡逻，用汗水和辛劳，保证这座历史文献宝库的安全。

（二）代不分书，书不出阁

历代藏书家无不期望自己辛勤收集的书籍能够藏之久而不散。如宋代的陈亚作诗戒其后人云："满室图书杂典坟，华亭仙客岱云根，他年若不和花卖，便是我家好子孙。"元代的赵松雪题藏书卷后云："吾家业儒，辛勤置书。以遗子孙，其志何如？后人不读，将至于鬻，颓其家声，不如禽犊。若归他姓，当念此言。取非其有，无宁舍旃！"但是，如果没有一定的制度来保证，这种主观愿望也不免落空。

黄宗羲说："藏书非好之与有力者不能。"[5]前人爱读书，后人不一定知书；前人好藏书，后人不一定爱书。故不知书者，视典籍为废纸，裱鞋帮、覆酱瓿亦在所不惜；不爱书者，或因无力保存，便贷书而食，如果得非其人，终成散亡。与范钦有"书籍互相借钞"之约的王世贞，与范钦"嗜奇相尚"的范大澈，他们的弇山园藏书和卧云山房藏书，不到五十年，均逐渐散佚。

范钦在晚年就考虑到防止书籍分散的问题。全祖望《天一阁藏书记》说："吾闻侍郎二子方析产时，以为书不可分，乃别出万金，欲书者受书，否则受金。其次子欣然受金而去。今金已尽而书尚存，其优劣何如也！"[6]范钦长子名大冲，次子名大潜。因为大潜先范钦三月而死，所以参加分家的当是次媳陆氏。据屠可堂《双柏庐遗闻》记载："天一阁长公愿得书，次公配陆愿得金，已处置当矣。陆误听人言，谓分金不公，欲重处置，屡与伯角，甚至成讼。"后来，范钦的老朋友屠大山的儿子屠本畯出来调解，方才平息。故屠可堂接着记云："先辰州归田后，以情理相处，陆始允从。辰州另写分书，其首语云：'余与范司马东明先生道义交也。'噫！其身正不令而行，陆之允从，辰州之德有以化之也。此书尚藏天一阁。"屠本畯官辰州知府，是大冲妻子的兄弟。分书早佚。屠可堂是乾隆十七年（1752）举人，官姚州知州，其说当为可信。

范大冲体察父辈的心情，从此便"代不分书，书不出阁"。藏书归子孙共同所有，共同管理。子孙各房相约，凡阁门和书橱门的锁钥分房掌管，非各房齐集，不得开锁。事实上非各房齐集，锁就无法全开。这样就防止了子孙个人占有，避免书籍的分散。

范氏后人一直严格地执行上述藏书管理的规章制度。至今，天一阁里仍然保存着一块禁牌，上面写着："子孙无故开门入阁者罚不与祭三次；私领亲友入阁及擅开书橱者罚不与祭一年；擅将藏书借出外房及他姓者罚不与祭三年，因而典押事故者除追惩外，永行摈逐不得与祭。"阮元认为范氏子孙"以不与祭为辱，以天一阁后人为荣"，这种荣辱观的激励，是藏书久而不散的又一个重要原因。

清道光九年（1829）八月间订立的管理细则中规定："阁上门槛厨门锁钥封条，房长每月会同子姓稽考，并察视漏水、鼠伤等情，以便即行修补。""阁下每月设立巡视二人，其护程及阁下各门锁钥归值月轮流经管,如欲入内扫刷,以及亲朋游览,值月者亲自开门,事毕检点关锁。"从这些条文中,我们可以略知当年天一阁日常管理的一些情况。

然而,清末缪荃孙登阁时所见已"迥非阮文达公所云"。他说:"范氏子见书而不能检,余告之,乃抽出,再检再阅,范氏挽余自抽,盖目不知书者。"[7]管书者竟朴鲁不学,因此,陪同缪荃孙登楼的夏闰枝就感慨地说:"再阅百年,遗书尽入虫腹,天一阁其泯灭乎!"

清末民初,废科举,兴学校,一些藏书之家以为古籍已无用,便陆续将书籍出售,这对范氏后人来说也是一次严峻的考验。据陈乃乾《上海书林梦忆录》,当时"凡江浙及北方书贾,每年常株守其地。其时生活程度低廉,住宁波城内旅馆中,开大房间,连膳食每月仅十八元。本地掮客甚多,每日奔走四乡,苟有发见,尽是明刻棉纸。故流寓书贾,无不利市百倍"。如曾与天一阁鼎足而立的东浙藏书家郑性之二老阁和卢址之抱经楼藏书均在这一时期变卖一空。民国初年,由郑性七世孙公议,将所存藏书和书版卖给上海书贾。民国五年,卢址后人商定把全部藏书以五万元银币出售给上海古书流通处。这批书共有二千零三十六种,计五万六千三百七十八卷。

抱经楼建于乾隆四十二年(1777),不但书楼建筑完全仿天一阁样式,而且藏书管理方法也照搬天一阁一套,规定藏书归子孙共有和共管。终因后人的想法与前人不同,以至书去楼空。而范氏后人始终抱残守缺,天一阁劫余之书才得以保存下来。可见制订切实可行的管理制度固然重要，而管理者对制度的执行如何，更起着决定性的作用。

以上说的是天一阁"代不分书"的事。至于"书不出阁"，这对后世也有较大的影响。吴翌凤《东斋脞语》云："明季藏书，浙中为盛，而鄞县范氏天一阁尤富，立法亦尽善，其书借人，不出阁，子孙有志者，就阁读之，故无散佚之患。"阮元置焦山书藏，有《书藏条例》言："书既入藏，不许复出。纵有翻阅之人，照天一阁之例，但在楼中，毋出楼门。"

中华人民共和国成立后，天一阁逐步改变了闭阁锁书的状态。近七八年中，每年都有许多中外学者访阁，出具学术研究证明，入阁查阅资料。但依然规定藏书只供阅览，概不外借。

古籍的保护和利用是对立统一的关系，我们既要反对只讲利用，不讲保护的倾向，也要反对只讲保护，不讲利用的倾向。古人聚书，对于善本，往往抄有副本，以此来解决藏与用的矛盾。政府藏书中，像《永乐大典》《四库全书》这类卷帙浩繁的书，都有两部以上的副本。私人收藏也如此，如宋代藏书家王钦臣，每得一书"必以鄂州蒲圻县纸为册，此本专以借人，及弟子观之。又写别本，以绢素背之，号镇库书，非己不得见也"。明代山阴祁氏《澹生堂藏书约》规定："亲友借观者，有副本则以应，无副本则以辞，正本不得出密园外。"要真正解决天一阁藏书的开发利用问题，必须加速古籍整理出版工作。例如，60年代影印了一百多种阁藏明代地方志，从此，读者查阅这批资料，就不必往返奔波了。同时，对于那些近期内无法出版的珍本，可拍摄胶卷本，或抄录副本。这样既可保存好原本，使典籍不致失传，又可满足读者需求，使积累的文化得以传播。

（三）芸香辟蠹，曝书去湿

清代学者袁枚有诗云："久闻天一阁藏书，英石芸草辟蠹鱼。"并注："书中夹芸草，橱下放英石，云收阴湿物也。"⁽⁸⁾

天一阁藏书中所夹芸草从何而来，前人没有记载。至于芸草同藏书一样秘不示人，倒有一个动人的故事。传说"鄞县钱氏女，名绣芸，范茂才邦柱室，丘铁卿太守内侄女也。性嗜书，凡闻世有奇异之书，多方购之。尝闻太守言：'范氏天一阁藏书甚富，内多世所罕见者。兼藏芸草一本，色淡绿而不甚枯，三百年来书不生蠹，草之功也。'女闻而慕之，绣芸草数百本犹不能辍，绣芸之名由此始。父母爱女甚，揣其情，不忍拂其意，遂归范。庙见后，乞茂才一见芸草，茂才以妇女禁例对。女则恍然如有所失，由是病，病且剧，泣谓茂才曰：'我之所以来汝家者，为芸草也，芸草既不可见，生亦何为。君如怜妾，死葬阁之左近，妾瞑目矣！'"⁽⁹⁾终于郁郁而死，成为封建制度下的一个悲剧。

这个故事给芸草蒙上了一层神秘的色彩。其实，芸草即芸香草，是古人通常采用的一种书籍防虫药物。现在仍用以制香精，并为中药。宋代科学史家沈括在《梦溪笔谈》中说："古人藏书辟蠹用芸。芸，香草也，今人谓之七里香者是也。叶类豌豆，作小丛生，其叶极芬香，秋间叶间微白如粉污。辟蠹殊验，南人采置席下，能去蚤虱。"至今，天一阁还保存着芸草三本，因年代久远，早已失效，放在陈列室里供大家观赏和研究。

关于英石吸潮气的传说，最早的记载见于乾隆年间。乾隆三十九年（1774），杭州织造寅著奉命察看天一阁书楼建筑及书架款式，他在奏章中写道："天一阁在范氏宅东，……东偏一间以近墙壁，恐受湿气，并不贮书，惟居中三间排列大厨十口，内六厨前后有门，两面贮书，取其透风。……厨下各置英石一块，以收潮湿。"至今，每只书橱下面，仍然堆放着英石，保持原来的面貌。考英石产于广东英德县，是一种石灰岩石块，有的"具峰峦岩洞之状"，因此被用来作为假山石头，故"以皱、瘦、透、秀四者备具为良"。英石也不同于通常作盆景用的川石。笔者请教过地质工作者，并作了实验，证明它并无吸潮作用。显然，当年寅著并未细察，仅据传闻而已。不过从他奏章的全文来看，却反映出天一阁藏书管理上对防潮的重视。

江南地区气候潮湿，梅雨季节长达月余。书籍受潮，有了一定水分，加上适宜的气温条件，就会加速纸张的水解和氧化，繁殖蛀虫和霉菌，使书籍虫蛀霉变。

"书中蠹蛀，无物可辟，惟逐日翻阅而已。置顿之处，要通风日；而装潢最忌糊浆厚褙之物。"[10]古人常在二伏天或重阳间，视天气晴明日，设几案，置群书其上，以曝其脑。天一阁也有晒书的制度，郑振铎先生曾说："盖范氏尝相约，非曝书日即子孙亦不得登阁也。"相传只有祭祀日和曝书日是子孙必到开阁的时间。从当时的科学水平出发，控制温湿度的简单办法，就是进行合理的自然通风，在梅雨季节里密封书库，出霉后通风晾干，既要防止受潮霉变，又要防止烈日下曝晒而使纸张变色发脆。天一阁藏书都放在楼上，比较高燥，书楼前后开窗，书橱前后设门，就有利于密封防尘和通风干燥。所以，天一阁收藏的大多数明代地方志和科举录，不但纸墨精湛，还保持着明代装帧形式，而且触手如新，令人展卷悦目，这不能不说是防虫、防潮工作的成效。

当然，只有好的办法，而没有人去认真执行，还是一句空话。因为虫害和霉烂是对书籍的慢性摧毁，一时不易为人所觉察，需要有人长年累月，一代接一代地连续工作。管理人员不但要知书，而且要爱书，要有耐心细致的工作精神，稍有懈怠，便会出问题。天一阁虽有伏季通风晒书的制度，但一年之中只靠一次性突击是不够的。早在乾隆三年（1738），全祖望登阁时，发现碑拓本被虫蛀蚀的现象已十分严重。他在《天一阁碑目记》中说："独有一架范氏子弟未尝发视，询之乃碑也。……惜乎鼠伤虫蚀十之五。"1949年前有一个时期，由于无力管理，虫害的波及面迅速扩大。那时，赵万里先生说："我们发现好几个柜子里都有蠹虫，因此对于传统的保存阁书的秘诀，发生疑问。故老相传阁里的书全部夹着芸草，可以防蠹；柜子下镇着浮石，可以吸收水分。这完全是神话。其实天一阁所谓芸草，乃是百花除虫菊的别名，是一种菊科植物，早已失了它的除虫的作用。浮石不知是从郭外哪个山里搬来的一种水成岩的碎块，并无什么吸收空中水分的能力。现在阁里的书，遭虫蛀的数不在少。"陈登原先生也曾感慨地说："窃谓藏书之家，其时尚暂者，非厄于火，即厄于散佚，其时经久者，则又渐厄于虫，但举浙东范氏天一阁，足以明其故矣！"[11] 虫害一直持续到20世纪50年代，路工《重访天一阁》一文说："宁波解放不久，我曾经访问了天一阁。……我借了明抄本《北曲联珠》，但是书已被水渍，不能揭开；又借阅《事物纪原》，书中蠹虫爬到我手上，书已千孔百洞。"

所以，1949年后首先设修书员，对虫蛀霉变之书进行修补。又设书库管理员，进一步完善和落实书库管理责任制，除每年伏季晾晒书籍外，还注意做好平时的温湿度调节工作。至20世纪60年代初，虫害才基本杜绝。

1975年以来，逐步恢复使用香草防虫的传统。"香草之类大率多异名，所谓兰荪荪即今菖蒲是也；蕙，今零陵香是也；茝，今白芷是也"。[12] 天一阁试用了广西金秀瑶族自治县出产的香草，效果良好。金秀香草正名叫灵香草，亦即黄香草，据说种植在海拔三千至五千米的高山深峪，适宜在阴湿的原始老林地生长，每种一次过后，土地要间歇数年，因而非常贵重。灵香草也是一种中药材，对书籍纸张没有副作用，对人体健康亦无不利影响，不像樟脑丸或用化学药剂配制的防霉纸那样具有强烈的刺激性。灵香草放置多年，仍然香气扑鼻，因此，是一种比较理想的药草，对天一阁来说，更有其特殊的意义，所以，从1982年起便大量应用。不过香草只能驱虫，不能杀虫；还要注意包装，避免草中所带泥土沾污书籍。

在恢复传统的保护方法的同时，天一阁还采取积极慎重的态度，逐步推广应用现代科学技术成果，已购置了去湿机、吸尘器等设备，并试用除氧剂软包装密封防虫的办法来保护书版。

（1）叶昌炽：《藏书纪事诗》。吴翌凤：《东斋脞语》。
（2）阁内佚名人撰联。
（3）王老诚：《故宫消防轶事》。
（4）赵万里：《重整范氏天一阁藏书纪略》。
（5）黄宗羲：《天一阁藏书记》。
（6）全祖望：《天一阁藏书记》。
（7）缪荃孙：《天一阁始末记》。
（8）袁枚：《小仓山房诗集》。
（9）谢堃：《春草堂集》。
（10）谢在杭：《五杂俎》。
（11）陈登原：《古今典籍聚散考》。
（12）沈括：《梦溪笔谈》。

天一阁的藏书目录

数百年来，天一阁历尽沧桑。随着藏书的增减变动，曾不断编制出藏书目录，其数量之多，是历代藏书家中极为罕见的。这些书目都是当时特定历史条件下的产物，不仅是图书史和目录学史的珍贵资料，而且也是检索图书的重要工具，故考述如下。

（一）现存最早的书目

范钦自号东明山人、东明外史，其藏书处初名"东明草堂"，所以最早的藏书目录称《范氏东明书目》。这部书目只有一册，记载在朱睦㮮于明隆庆四年（1570）编成的《万卷堂书目》中，当时范钦尚在世，可知此目为范钦所手定。

嘉靖三十九年（1560），范钦升任兵部右侍郎，同年回故乡宁波，此后便筑起了天一阁。稍晚，焦竑《国史经籍志》著录有《四明范氏书目》二卷；祁承㸁《澹生堂藏书目》著录《四明范氏天一阁书目》二册四卷，这些大概是范钦重编或他的儿子范大冲增编之本。

清康熙十二年（1673），著名思想家黄宗羲破例登阁，他"取其流通未广者抄为书目。凡经、史，地、志、类书之坊间易得者，及时人之集、三式之书，皆不在此列"。当时，黄宗羲登阁时间不长，仅仅选录了一个简目。康熙十八年（1679），范钦的玄孙范廷辅加以重订，补录了前所未列的书籍，并请黄宗羲写了《天一阁藏书记》。黄宗羲在此文中说："余之书目遂为好事者流传，昆山徐健庵使其门生誊写去者不知凡几。"

上述几种书目应当都是稿本或抄本，均因未刻而失传，天一阁初期的藏书情况便不知其详。我们通常所说天一阁藏书七万卷，那是依据《范氏家谱》的记载。

现存最早的天一阁藏书目录是清初抄本《天一阁书目》，其传本有二，一是漫堂抄本，一是介夫抄本，今均藏北京图书馆。此目编者姓名和编辑时间失载，但仔细分析起来，尚可发现如下几个特点：

一、书目不分卷，而把书籍分为制书、诸经、四书、史、实录、志、经济、官制、出使、奏议、兵家、刑名、儒家、释家、道家、子书、集、选诗、古文、类书、词曲、策论表赋、小说、礼乐、博古、阴骘、天文、杂技、书画、地理、医家、星相、农家、人物、姓氏、列传，共三十六类。从其分类体系来看，把《大明集礼》《大明会典》等明代制书放在首位，具有明代书目的特点。如嘉靖《建阳县志》所载书坊书目，分制书、经书、诸史、诸子、诸集、文集、诗集、杂书八类；万历三十三年（1605）编《内阁书目》，分圣制部、典制部等十八部，都把明代制书放在首位。

二、所录各书仅记书名和册数，不记卷数、著者及版本，除释家类有类目而无书目，科举录被弃置不录外，共著录藏书五千余部，收录较富。

三、此目与后来阮元等所编《天一阁书目》比对，发现阮目收录的六十一种清代人著作或清刻本，如顺治《蒙城县志》《竹垞文类》等，在这个抄本书目中都未出现。（书名相同的有《嘉兴府志》《德化县志》《武经七书》三种，前两种在明清时均有纂修，后一种不记版本，无法比对。）

四、漫堂抄本在书口下印"漫堂抄本"四字。漫堂姓宋名荦，字牧仲，生于明崇祯七年（1634），卒于清康熙五十二年（1713），可知此目原稿的编制时间，下限不迟于康熙五十二年。介夫抄本传抄时间稍晚，卷首有康熙五十五年（1716）芝栭跋、康熙五十六年（1717）林佶跋。芝栭跋云："天一阁书目一卷，甬江范氏家藏书也，余载阅首尾，名编异帙，搜罗最广，恍如置身琅嬛之室，诚一大观哉。盖藏书为极难之事，具数十年之精力，一编寸简，经营而得，而又视后之子孙足以守之，不然徒荡为青磷冷烟而已。……独范氏之书传之数世，至今无有失者，则其后人之贤，令余向慕不已，而又重兴感叹焉。此目为介夫先生手录，先生姓舒木鲁氏，长白著族，好学嗜古，盖亦酷爱藏书者。"

综上所述，此目原稿的编制时间是在明末清初时期，它反映了天一阁早期的藏书情况。

此后，在沈叔埏《颐彩堂文集》中说到另一种《天一阁书目》，据云："右目为韩城初视浙学时鄞属所呈，计五千有零，不分门类，不加诠次……盖寻常官簿本也。"韩城初视浙学的时间是在乾隆三十六年（1771）。这种官簿式的书目至今亦已失传。不过从所录"五千有零"这个数字中可以看出，在《四库全书》纂修之前的近两百年中，天一阁藏书未曾大量散失。当时的著名学者全祖望有天一阁诗云："历年二百书无恙，天下储藏独此家。"

（二）藏书进呈之后的书目

乾隆三十七年（1772），清政府决定编纂《四库全书》，便向全国各地采访遗书，要求进呈备用。次年，范钦八世孙范懋柱代表范氏后人进呈了一大批天一阁藏书。据《涵芬楼秘笈》第十集中《浙江省第五次范懋柱家呈送书目》载，共计六百零二种。后来，薛福成《重编天一阁进呈书目》，据《四库全书总目》及《浙江采集遗书总录》增补，确定为六百三十八种。当时，天一阁是进呈书籍最多的一家，进呈之书实际上不止此数，例如复本，就未曾列目。

赵万里先生在《重整范氏天一阁藏书纪略》一文中说："这一类的书，有一个客观的标志，封皮下方正中有一长方形朱记，文曰：乾隆三十八年（1773）十一月浙江巡抚三宝送到范懋柱家藏某某书一部计几本。开卷又有翰林院大方印。封皮上的朱记有时为妄人割去，至大方印，则时时遇到。《四库全书》完成后，库本所据之底本并未发还范氏，仍旧藏在翰林院里，日久为翰林学士拿回家去，为数不少，前有法梧门，后有钱犀盦。都是不告而取的健者，辗转流落厂肆，为公私藏家收得，我见过的此类天一阁书约有五十余种。"这次进书，使书籍大量散佚，是天一阁藏书史上遭到的首次浩劫。

劫后，范氏后人对留存的藏书作了一次清点，编成《四明天一阁藏书目录》二册。此目不著编者，后刻入罗振玉《玉简斋丛书》。罗振玉所据的是一个传抄本，卷末记有"嘉庆壬戌六月二十日客寓金阊录"一行。因书目中已载有《古今图书集成》，可知它是在乾隆三十九年（1774）赐书以后，嘉庆七年（壬戌）以前编制的。目录不分卷，也不分类，仅按橱登记书名和册数，卷首录全祖望《天一阁碑目记》和《天一阁藏书记》，卷末的总目近乎一份统计表，据云除《古今图书集成》外，共有藏书四千七百十二册。但是，笔者撰文时重新作了统计，该目实际著录藏书四千八百十九部（包括复本或一书分作二部登记的）。显然，原编者统计不确，或是传抄者把部数误写成册数，例如元字号橱实有四十四部，计一千零三十六册，而误作四十四册，荒字号橱实有二百十二部，而误作一百十册。此外，登科录、乡试录均失载。藏字号书目下注云："尚有医书、地理、算命、风鉴等俱未列目。"

不过，从这部书目中，我们可以看出当年天一阁书架排列的情形。书橱编号用千字文，共有天、地、元、黄、宇、宙、洪、荒、日、月、盈、昃、辰、宿、列、张、寒、来、署、往、秋、收、冬、藏、闰、余、成、岁、律、吕、调、阳三十二大橱。其中宇、寒、来、成、阳字号的五只橱是放《古今图书集成》的。如今，前后开门的大书橱尚有四只，但千字文编号的字样已无迹可寻了。这部书目的记载，可资今后恢复原状时参考。

嘉庆八、九年间，浙江巡抚阮元登阁观书，命范氏后人范邦甸等编目。不久完成了《天一阁书目》十卷，补遗一卷，范氏著作一卷。嘉庆十三年，阮元命宁波府学教授汪本校刻，具

"文选楼"牌记。卷首有阮元《宁波范氏天一阁书目序》,并附刻黄宗羲《天一阁藏书记》、乾隆圣谕、御赐《古今图书集成》目录,及《进呈书目》。体例仿《四库全书总目》,分经、史、子、集四部。著录撰书人名氏、卷数、写刻版本、序跋、印章等较为详细,是天一阁藏书目录中编辑较早,流传较广,具有较大学术参考价值的一部书目。阮元《定香亭笔谈》云:"天一阁书目庞杂无次序,因手订体例,遴范氏子弟能文者六七人,分日登楼,编成书目,属知鄞县事张许给以笔札。阁中旧版书极多,因修录其序跋,及收藏家题识印记,以资考证焉。"上述嘉庆七年抄本书目所不载的医书、登科录等,此目都有著录。但编目的时候,正当乾隆禁书之后,如王世贞《纲鉴会纂》、钱肃乐《庚辰春偶吟》等属禁书范围的,都不曾编入。通共著录四千零九十四种,五万三千七百九十九卷。其实除了进呈的书和续增的《古今图书集成》外,原藏书计三千三百九十三种,三万八千五百二十七卷。

阮目之称为十卷,见于阮元的序文。经、史、子、集各为一卷,每卷下有若干分卷,总共是十个分卷。1937年冯贞群先生在编《鄞范氏天一阁书目内编》时,发现刘锦藻《皇朝续文献通考》中说到汪本的《天一阁书目》为四卷,看起来像是另外一部书目,提出"疑不能明也"。其实,刘锦藻误把校刻者汪本当做编纂者,又在计卷数时只记总卷而不记分卷,以致使人造成错觉。显然,刘锦藻所云四卷本《天一阁书目》,即阮目是也。

阮目后面附刻范钦八世孙范懋敏编《天一阁碑目》,卷首乾隆五十二年钱大昕序云:"今年予复至鄞,适海盐张芑堂以摹石鼓文寓范氏,而侍郎八世孙苇舟(懋敏)亦耽嗜法书,三人者晨夕过从,嗜好略相似,因言天一石刻之富,不减欧赵,而未有目录传诸世,岂非阙事,乃相约撰次之。拂尘祛蠹,手披目览,几及十日,去其重复者,自三代迄宋元,凡七百二十余通。"明碑拓本未加著录。自全祖望所编碑目失传后,此为现存最早的《天一阁碑目》。

（三）清末时期的书目

清道光二十一年（1841），鸦片战争时，英帝国主义者占据了宁波城。战乱中，天一阁藏书多有散佚。

兵燹后，于道光二十七年（1847），当时的浙江布政使刘喜海登阁看书，随手抄录，编成《天一阁见存书目》十二卷。基本上依照阮目分类次序排列，卷十二外编，收录丛书，前后均无序跋，有例言七则，称"原目（阮目）所载御题书二种，佚于兵燹，御赐《图书集成》一万卷见缺一千余卷。"共收录藏书二千二百二十三种。

刘目未曾刻印，原稿的发现亦较迟，据天一阁现藏传抄本上1935年张镜夫跋文云："予于甲戌春间，由诸城旧家获一天一阁旧目四册，既无岁月，亦无撰人，惟卷首有例言一篇，相传为刘燕庭先生登阁观书随手所记录者，然无序跋印章，未能遽信。"次年，张镜夫再识云："书目抄录毕事，详校一过，忽于末叶左角下发现白方小印'嘉阴簃'三字，乃知为燕庭先生故物。既而刘少文表兄自诸城来，叩以燕庭先生与天一阁观书事，兄云：'道光二十七年秋，先生升浙江布政使，署浙江巡抚，曾倡修天一阁，及刊阁中藏书目未果而罢官，此或阁目底本。'少文兄是先生嫡孙，言必可信。"刘喜海号燕庭，诸城人。此目增出阮目所不载的书籍共四百六十三种,但是失收的书则更多。这大概是刘氏编写未竟,即被罢官的缘故吧!

咸丰十一年(1861),太平天国军队进驻宁波前后,当地歹徒乘混乱之际,拆毁阁后墙垣,潜运藏书。此后辗转流散,许多珍贵书籍被当做造纸原料,有的厄于兵火,有的落入外国传教士手中,天一阁藏书再次遭到了浩劫。

光绪四年(1878),宁波知府宗源瀚见阁书亡失过半,欲编见存之书以为目,便聘慈溪人何松等三人登阁分编。何松《梦璞居诗抄》有"校书登杰阁,订误并搜遗,两席分经史,三秋恨别离"之句。当时杨晋蕃校经子两部,何松校史集两部,自四月二十二日至中秋节,阅时数月,成《天一阁校书记》。后因宗源瀚去官,未及刊印,残稿今藏上海图书馆。

光绪十年(1884),浙江宁绍台兼管水利海防兵备道薛福成,命钱学嘉等三人,重编《天一阁见存书目》四卷,首末二卷,体例仍仿《四库全书总目》编排,对于当时每部书的存缺情况,著录比较详细,尤其是《进呈书目》,经过校对,增补了阮目失收的三十六种,而且在著录上也胜过阮目。卷首附刻阮元《天一阁书目序》,钱大昕《天一阁碑目序》,黄宗羲《天一阁藏书记》,全祖望《天一阁藏书记》,及《天一阁碑目记》,还有乾隆圣谕、御赐书画目等。卷末有《天一阁奇书目》《见存碑目》《见存石刻》《新藏书目》,以及光绪《鄞县志》范钦传、光绪十五年范钦十世孙范彭寿跋。

薛目反映了鸦片战争以来的四十多年中,遭到二次浩劫以后的藏书情况。凡例云:"阁书经兵燹后,完善者鲜……

见存书不及旧日十之四,而旧无其目,今有书者亦复不少。"范彭寿跋云:"咸丰辛酉,阁既残破,书亦散亡。于时,先府君方避地山中,得讯大惊,即间关至江北岸,闻书为洋人传教者所得,或卖诸奉化唐岙造纸者之家,争借赀赎回,又偕宗老多方购求,不遗余力,而书始稍稍复归。"当时还藏阁中之书,数量甚少。薛目除"科举帖括、家传行状、唱和劝善诸刻"和"虫残水渍,不复成书"的弃置不录外,共著录原藏书二千一百五十二部,计一万七千三百八十二卷,乾隆御赐的《古今图书集成》尚存八千四百六十二卷。

此外,见存碑拓,包括乾隆、道光时据阁藏本重模的"石鼓文""瘗鹤铭"在内,仅二十六通,注云:"阁中碑本,十不存一,编以为目,不复成卷,因附于末。"见存石刻有丰道生重模"神龙本《兰亭序》"等十三种,至今尚存。

（四）民国时期的书目

辛亥革命以后，天一阁藏书大量失窃，其经过情形，陈乃乾《上海书林梦忆录》记载颇详，文章说："民国三年，有乡人冯某串同党徒夤夜越墙而入，窃出书籍千册，陆续运带至沪。"其中一部分售于六艺书局，"每册仅二角许，后散售于藏书之家"。此外，大部分售于来青阁书肆，来青阁又转售于食旧廛书肆。这批书籍正打算寄往日本，不久事发，"遂归乌程蒋氏，得价八千元"。商务印书馆曾搜集了四五百种，放在涵芬楼，1932年"一·二八"，不幸又遭日机轰炸焚毁。

当初，窃贼从屋顶挖去瓦片及椽子，潜入阁中，历时数十日，范氏子弟竟未觉察。过了三个月，学者缪荃孙得知消息，急驰函范氏究其事。涉讼经年，冯某及窃贼薛继渭虽已捕获，但被窃书籍无法追回。当年在上海设书肆的罗振常，曾就个人目睹之书撰为提要，成《天一阁藏书所见录》一册，记有二百四十种之多。

事后，缪荃孙编有《天一阁失窃书目》二册，记录失窃书一千七百五十九种（其中科举录四百七十四种），并在序文中讲到此次书籍失窃的经过。从失窃书目的编制体例来看，他是以薛目为底本，对照阁中劫余存书，然后把未对到的一一抄录下来，所以其顺序完全和薛目一样，甚至连各类的统计数字，往往也照薛目抄了下来，时间匆促，失误颇多。例如被列入目录的三十一种明代地方志中就有《建阳县志》等七种，并没有失窃；四百七十四种科举录中，也有三百二十八种不曾被窃。所以，缪目只能作为一个参考。

此次浩窃之后，天一阁存书情况，可以从下列三种书目中得到反映。

1928年，林集虚编《目睹天一阁书录》四卷附编一卷。卷首缘起云："阁中之书被窃，当时范氏后人将存书目用红圈标识，除登科录、乡试录外，所存不过八百种。"林集虚于1928年7月20日登阁，以十天为期，在吴文莹等三人帮助下，匆促成书，故遗漏较多，又迁延十载，才用木活字排印行世。书目仍分经、史、子、集四部。对于书籍的版本，包括刻抄本、时代、年号、行格、牌子、刻工、装订、钞补、脱页、书纸种类、藏书印记等，记载比较详细。卷末附编，首次记载了天一阁的匾额、联语、禁牌规例等。

1930年，杨铁夫等根据当时宁波地方政府的意见，重编《宁波范氏天一阁图书目录》。范氏例规，非合各房人氏，不能登楼，又因"陪伴同查，致碍生计"。所以，当时以一日为限。卷首杨铁夫序云："时虽迫促，大体已自了如，合计范氏自行清理所写目，当不大谬，通计为书九百六十二种，共七千九百七十一册（各省试录未计），比薛目约得二分之一，其中完璧者尚有三百一十种，比薛目约得四分之一，然全者多属数册，至册数愈多，其存者愈少，有百数十册，止存一二册者，故种数似有可观，而册数实属无几。""此外，碑拓本一无所存,石刻十余具尚无恙,《图书集成》尚存四千零七十四册,约得原书之半"。可知,自光绪十年薛福成编目以来四十多年间,藏书又散佚过半。

杨目为油印本一册。1932年金陵大学中国文化研究所丛刊在发表陈登原《天一阁藏书考》一文时,将此目作为附录铅印,所以至今流传较广。因编目时仅仅花了一天时间,动员四五个人依照书籍的牙签抄录,除记录书名册数外,别无著录,所以分类杂乱,错误百出。

1935年冯贞群登阁编目,历时六月,于次年3月完成初稿,1940年铅印问世,称《鄞范氏天一阁书目内编》。他在范氏子孙范盈藻等人的协助下,"整理残编断简,拂尘去蠹,聚散为整",记载了当时天一阁的全部藏书,甚至连仅存数页不复成册的也加以记录。《内编》刊印前,鄞县开文献展览会,于1936年选印了《方志目》和《明代试士录目》各一卷,称《天一阁简目两种》。

冯目共十卷,依四部分类,前四卷记明代及明以前旧本一千五百九十一部,计一万三千零三十八卷,卷五收录清初以来书本二百十四部。《古今图书集成》八千三百二十卷,卷六至末卷为附录及补遗,包括图像、书影、志传、额联、碑石目等等。冯目编成以后,藏书稍有散出,主要是在抗日战争时期,书籍往返龙泉的途中失散,计明刻本八部,清刻本四部。冯目在解放以后的一段时间内,仍然起着现存书目的作用。

此外,1933年赵万里先生为重编天一阁书目,于七月二十五日登阁观书。他在《重整范氏天一阁藏书纪略》中说,当时以一星期为限,"用预定的一种较精密的统计法。无论行款、边口、版心大小,属于机械方面的,固非一一记载不可,就是序跋和内容的特点,也得在极短时期内缩写下来,以便日后作书志时参考。……这一个重整天一阁现存书目,我预备叫它作内篇。此外,还有一个外篇,附在内篇之后。外篇是将历次散落在阁外的书,作一次总结账"。1961年,赵先生函告笔者,此目当时未曾完稿,所抄录的原始资料,在抗日战争时期已散佚殆尽。

（五）新编书目

1949年以后，天一阁成了国家的一个藏书单位，从此，发生了新的巨大变化。天一阁管理部门除了加强对藏书的保护工作外，还十分重视收集以往散存在民间的天一阁原藏图书。为了搞清天一阁历年散出书籍的具体情况，即于1961年9月开始编辑散佚书目，称《天一阁书目外编》，次年完成初稿。

《天一阁书目外编》是一部已佚未存的书目。它以阮目为基础，除去现存的藏书，再与各旧目相校，参阅有关资料，增补而成。由于各旧目体例不一，详略不同，更未见原书，所以著录无法一致，分类编排方面也难免不妥。初稿完成后，随着旧目考查工作的开展，新发现了康熙年间抄本《天一阁书目》，因此，在定稿前尚须作再次校补。《内编》与《外编》合在一起，就能比较全面地反映出天一阁藏书的本来面貌。

近四十年中，共访归天一阁散出书籍三千多卷，又接受了宁波地方许多藏书家的慷慨捐赠，目前古籍收藏量已达二十多万卷。天一阁藏书的日益丰富，受到了学者们的重视和中外来宾的赞扬。

自1977年8月以来，遵照周恩来总理生前"要尽快地将全国善本书总目录编出来"的指示精神，开始编辑《天一阁善本书目》。善本书目的收录范围、著录内容，以及分类体系等基本上依据中国古籍善本书目编辑委员会的统一规定，但同时又从天一阁藏书的历史和现实情况出发，作了适当变通。

收录范围主要从两个方面作了放宽：对于天一阁的原藏书，除了零星散页，或虫蛀腐烂不复成书者外，一般的明刻残本均予收录；对于地方文献中有学术价值的稿本、旧抄本或精抄本，也从宽收录。著录方面，除了照规定记录书名、卷数、著者、版本、册数及附注项外，增录了书籍来源和天一阁藏书印章。分类方面，除了照规定分为经部十类、史部十三类、子部十四类、集部七类外，丛书数量不多，故不再分类。各类下的分属，根据藏书情况，个别的作了合并或增补，例如史部传记类中的科举之属，地理类中的方志之属，因藏书较多，便进行复分，以达到条理清楚、检索方便的目的。

目前，天一阁藏书续增的多，来源不一，为便于读者利用藏书，需要有一个统一的目录。同时，天一阁又是一个全国重点文物保护单位，必须维护历史的原貌，所以，原藏书籍适宜于单独排架。为了解决原藏书和续增书在编目和排架之间的矛盾，便采取了统一编目，分别排架的办法，统一编目之后，对于原藏书籍在目录上作好标记，以示区别。

善本书目初稿的编制任务已于1980年底完成，共收录四千余部，计七万余卷。今后，在编好各家赠书目录的基础上，将完成《天一阁藏书总目》的编辑工作。

天一阁刻书考

天一阁主人范钦不但喜欢聚书，而且还校订和刻印过一批书籍，在传播古代文化方面起过一定作用。

　　天一阁刻书的情况，范钦在《天一阁集》中没有记载。年代久远，阁书散亡，未呈全貌。笔者整理了阁内现存藏书和版片，又对北京、上海、浙江、山东、四川等地图书馆作了调查，兹将查考所得叙述如下。

（一）初期的刻本

自嘉靖十二年至三十九年（1533—1560）这二十多年间，范钦主要从事政治活动，但在初期，也曾主持刻印过几种书。

一、《王彭衙诗》九卷

嘉靖十四年陈嘉言后跋云："王子关中人，名讴，字舜夫，别号彭衙山人。正德丁丑进士，为冬官主事，改秋官员外郎，转山西按察司佥事。所向以文章饬吏事，杰然为当世所重。逾三年以疾归而亡，春秋才三十有六也。嘉言素善王子而爱其诗，因于乃兄青门子求所遗稿，得一十二册，携以入楚，请于汉东之体别之，而托范守钦刊诸木。"半页十行，行二十字，白口，左右双边。嘉靖十四年，范钦在随州任知州，此本当刊于随州。清康熙间抄本《天一阁书目》著录为王彭衙壬午至癸未集五本，清嘉庆十三年阮元编《天一阁书目》作《王彭衙集》。

二、《熊士选集》一卷

正德七年李梦阳序云："熊士选者丰城曲江人也，名卓，字士选，弘治丙辰进士，平湖知县，后擢监察御史。刘瑾矫诏黜归者四十有八人，士选及余与焉。逾年起余官江西，过丰城，访其人于曲江之滨，亡矣！乃收辑其遗诗，可读者六十篇，录之俾于家。"嘉靖二十二年陈德文后序云："近客袁，范君侯东明先生间出抄本，相与诵讽而感叹御史者久之，曰：'是篇刻于豫章，比见其磨漶滋甚。夫崔颢、杜审言之诗数十篇，乃百世传，吾惧御史之志不章也。'君侯笃古尚友，精明而介亮，治称神明，宜有羡于熊之风烈也，岂直以其文而已邪！是故重刻《熊士选集》。"正文首页题"四明范钦校刊"一行，半页八行，行二十字，白口，四周单边，不记刻工。嘉靖二十二年，范钦任袁州知府，此本当刊于袁州。

三、《阮嗣宗集》二卷

正文首页题魏步兵校尉阮籍撰，鄞范钦、吉陈德文校刊。清道光二十七年刘喜海编《天一阁见存书目》著录为范钦刊。光绪十年薛福成《重编天一阁见存书目》著录：全，阁中校刊本，并谓"此书刊于江西，他本不同"。

此外，台湾《中央图书馆善本书目》著录："海叟诗三卷，一册，明袁凯撰，明范钦等校刻本，清林佶手录明何大复序。"约为范钦官江西时所刻，因未见原书，录以待访。

（二）刻书规模与版本特征

嘉靖四十年以后，范钦建造了天一阁，主要从事于聚书、刻书等文化活动。

天一阁刻书是明代私家刻书之卓然者，其刻书规模，我们可以从所刻书上记录的大批写刻工人姓名中得到佐证。书上记着姓名的写工有范正祥、黄瑞，刻工有戴锐、徐升、余堂、郭拱、郭滔四、郭良、郭英、郭才、熊诗、熊诗五（熊施五）、姜培、翟良才、充三、邓秦三、邓滔、邓克三、元恩、张德方、周聪八、周明四、黄文、黄文九、黄文六（王文六）、黄文五（王文五）、邹国相、胡秀纹（胡秀文）、王以南、王以才、王以道、王以成、王宾四（兵四）、胡十二、龙潘、蒋子洋、邢全卿、茹子凌等近四十人。其中《稽古录》一书的刻工有二十五人，可知当时刻书已具相当规模。范钦去世后，他的儿子范大冲主持刻书，刻工又有王元秀、卢成、汪国法、子鸣、有光、文合、林纯、朱天福、小光、茅波□、弋得□、安、元、罗法、戴、陵、毛、川、王茅等十九人。

刻工中有些是宁波当地人，像《关氏易传》一书版心下镌"余姚王以道刊"一行，明确记载着刻工的籍贯。他们大都临时受雇于人，因此天一阁所刻各本，刻工往往不同。他们的活动情况，还可以从其他地方的刻本书中得到反映。如万历十五年刊《绍兴府志》，刻工中也有王以南、王以成，并有"余姚王以道刊"一行。又如嘉靖三十四年南昌刻《欧阳文忠公集》，写工有黄瑞，刻工有翟良才、余堂、姜培等人。嘉靖三十九年张元谕吉安刻本《文山先生文集》，刻工中也有黄文、文六等人。可知在嘉靖、万历年间，这批刻工流动于浙江、江西一带。

天一阁所刻书籍，有的经过范钦亲自校订，有的未经范钦校订，还有的是范钦和范大冲的著作，现将各书特征分类考录如下：

甲、经过范钦校订的刻本二十种

一、《乾坤凿度》二卷，《周易乾凿度》二卷

《乾坤凿度》题明范钦订，《周易乾凿度》题汉郑康成注，明范钦订。半页九行，行十八字，白口，左右双边，刻工有郭完等十八人。各卷版心均刻"乾坤凿度"。

二、《周易古占法》二卷

上卷首页题沙随程迥编、四明范钦订，下卷首页题沙随程迥注，四明范钦订。半页九行，行十八字，白口，左右双边，不记刻工。

三、《周易略例》一卷

卷首邢璹序，正文首页题晋王弼著，唐邢璹注，明范钦订。半页九行，行十八字，白口，左右双边，刻工有胡秀文。

四、《周易举正》三卷

卷首郭京序，正文首页题唐苏州司户参军郭京撰，皇明

兵部右侍郎范钦订。半页九行，行十八字，白口，左右双边，刻工有王以南、胡秀纹、王以才。

五、《京氏易传》三卷

正文首页题吴郁林太守陆绩注，明兵部侍郎范钦订。半页九行，行十八字，白口，左右双边，偶记刻工：以才。

六、《关氏易传》一卷

正文首页题天水赵蕤注，四明范钦订。半页九行，行十八字，白口，左右双边，刻工有王以南等五人，其中一页记"余姚王以南刊"。

七、《麻衣道者正易心法》一卷

卷首淳熙己亥（1179）三月程准序，正文首页题希夷先生受并消息，东明山人订，卷末崇宁三年（1104）三月九日庐峰隐者李潜几道序，乾隆元年（1736）冬十月一日玉溪戴师愈孔文跋。半页九行，行十八字，白口，左右双边，不记刻工。

八、《穆天子传》六卷

卷首至正十年北岳王浙玄翰序，荀勖序，正文首页题晋郭璞注，明范钦订。半页九行，行十八字，白口，左右双边，刻工有胡十二等十五人。

九、《孔子集语》二卷

卷首淳祐六年薛据序，正文首页题永嘉薛据纂，四明范钦订。半页九行，行十八字，白口，左右双边，刻序者王以成，正文不记刻工。

十、《论语笔解》二卷

卷首许勃序，正文首页题昌黎韩愈、赵郡李翱著，四明范钦订（三行）。半页九行，行十八字，白口，左右双边，刻工有王以成。版心不刻书名，只刻"遗文"两字。

十一、《郭子翼庄》一卷

正文首页题三一子高鐢允叔纂，明兵部侍郎范钦订。半页九行，行十八字，白口，左右双边，不记刻工，版心上书名仅刻"翼庄"两字。

十二、《广成子解》一卷

正文首页题广成子著，宋苏轼解，明范钦订。半页九行，行十八字，白口，左右双边，刻工有姜培等六人。

十三、《三坟》一卷

卷首毛渐序，正文首页题明范钦订。半页九行，行十八字，白口，左右双边，刻工有郭完等十六人。卷端书名刻"山坟"，版心上刻"三坟"，卷末后序。

十四、《商子》五卷

正文首页题四明范钦订。半页九行，行十八字，白口，左右双边，刻工有胡秀文、元恩。

十五、《素履子》三卷

正文首页题唐将仕郎试大理评事张弧撰，明通议大夫兵部侍郎范钦订。半页九行，行十八字，白口，左右双边，不记刻工。

十六、《竹书纪年》二卷

正文首页题梁沈约附注，明范钦订。半页九行，行十八字，白口，左右双边，写工和刻工有范正祥写、姜培刊，黄瑞写、黄文六刊，又有刻工周聪八等十三人。

十七、《潜虚》一卷

正文首页题宋司马光撰,明范钦订。半页九行,行十八字,白口,左右双边,刻工有茹子凌等五人。卷末附《潜虚发微论》,题左朝奉郎监察御史张敦实撰。

十八、《虎钤经》二十卷

未见刻本,恐已失传。清嘉庆十三年(1808)阮元等编《天一阁书目》著录为"《虎钤经》二十卷,刊本,宋许洞著,明司马公讳钦订",清光绪十年(1884)薛福成等《重编天一阁见存书目》亦著录为"阁中校刊本"。另据北京图书馆善本组函告,该馆现藏《虎钤经》一书的刻本数种,其中一种钤有"天一阁"长方印,但书上无"范钦订"字样,刻工姓名除"文"字外,均不相同。疑为天一阁别一旧藏本。

十九、《两同书》二卷

正文首页题唐罗隐昭谏撰,明范钦安卿订。半页九行,行十八字,白口,左右双边,不记刻工。

二十、《新语》二卷

卷首□□□序,正文首页题汉中大夫陆贾撰,明兵部侍郎范钦订,男大冲校刊。半页九行,行十八字,白口,左右双边,不记刻工。

乙、未经范钦校订而刻印的古籍七种

一、《司马温公稽古录》二十卷

宋司马光撰。扉页题:《稽古录》,天一阁藏板。半页九行,行十九字,白口,四周单边,写工和刻工有:黄瑞写、黄文六刊,黄瑞写、黄文九刊,范正祥写、姜培刊,及熊诗五等二十五人。

二、《孙子集注》十三卷

宋欧阳修辑注。清光绪十年薛福成等《重编天一阁见存书目》著录:"全,阁中校刊本",此后散出,今未见传本。

三、《元包经传》五卷

卷首有政和元年(1111)十月望日杨辑"元包旧序",绍兴三十一年(1161)四月张洸跋,正文首页题后周卫元嵩述,唐秘书少监武功苏源明传,唐国子监西门助教赵郡李江注并序。半页八行,行十八字,白口,四周单边,写工和刻工有:黄瑞写、郭完刊,郭英等十五人。

四、《元包数总义》二卷

卷首绍兴庚辰(1160)五月晦张行成序,正文首页题蜀临邛张行成述。半页八行,行十六字,白口,四周单边,刻工有郭完等六人。

五、《说苑》二十卷

汉刘向撰。半页十行,行十八字,白口,左右双边,不记刻工。

六、《新序》十卷

汉刘向撰。半页十行,行十八字,白口,左右双边,不记刻工。

七、《法帖释文》□卷

此书天一阁现存各旧目均失载,今残板尚存,半页十二行,行二十字,白口,四周单边。1940年冯贞群编《鄞范氏天一阁书目内编》附录一云:"洪武九年常任序,上卷淳化阁法帖。"

丙、范钦和范大冲的著作四种

一、《奏议》四卷

明范钦撰。半页十行，行二十字，白口，左右双边，不记刻工。书口镌"奏议"两字，清光绪十年薛福成《重编天一阁见存书目》著录为"《抚南赣奏议》"。

二、《古今谚》一卷

明范钦撰。半页十行，行二十字，白口，左右双边，不记刻工。

三、《天一阁集》三十二卷

明范钦撰。卷首万历十九年沈一贯序云："乡先生范司马公卒之明年，其所为《天一阁集》者出……"正文首页题四明范钦安卿著。半页十行，行二十字，白口，左右双边，刻工有王元秀等十九人。

四、《三史统类臆断》一卷

明范大冲撰，万历八年刊。半页八行，行十六字，白口，四周单边，不记刻工。

上述三类共计三十一种。此外，1940年冯贞群编《鄞范氏天一阁书目内编》附录二范钦传注文中说，天一阁刻本尚有《烟霞小说》《汉书隽》两种，然而现存天一阁早期书目无著录，冯氏编目时版既无存，书亦未见。光绪《鄞县志》范钦传曾提到《汉书隽》为范钦所撰，原书失传，未审孰是。

现将天一阁续增本《穆天子传》六卷,与天一阁原藏本比对,校订者和版式均相同,只是原藏本记有刻工,续增本不记刻工,而且字体笔画较瘦,由此可知,有的天一阁刻本,曾经后人翻刻。在鉴定天一阁刻本时,还得注意原刻本与翻刻本的区别。

（三）关于《范氏奇书》

《范氏奇书》这个名称，最初见于《澹生堂书目》。明代万历年间，浙江绍兴的藏书家祁承㸁的《澹生堂书目》中创立丛书一类，其中著录《范氏二十种奇书》，子目包括《乾坤凿度》《元包经传》《元包数总义》《周易古占法》《周易略例》《周易举正》《京氏易传》《关氏易传》《麻衣正易心法》《穆天子传》《孔子集语》《论语笔解》《郭子翼庄》《广成子解》《三坟》《商子》《素履子》《竹书纪年》《潜虚》。实际只有十九种。

再看《澹目》各类的书目，我们会发现与丛书类著录有矛盾的地方就更多了。这里据较早的鸣野山房抄本（天一阁现藏善本），可列举几点：

一、明确注明属《范氏二十种奇书》的只有《三坟》《京氏易传》《周易略例》《周易举正》《麻衣正易心法》《周易古占法》《关氏易传》《周易乾坤凿度》《郑康成注乾坤凿度》《元包经传》《元包数总义》《潜虚》《韩文公论语笔解》《孔子集语》《素履子》《苏子由广成子解》《穆天子传》，共计十七种，亦不足二十种。

二、把《乾坤凿度》分为《周易乾坤凿度》《郑康成注乾坤凿度》两种，即把《乾坤凿度》的附刻本析为单独一种。显然，这与丛书类著录的子目不一致。

三、《商子》一书目录下注明"外载《范氏丛书》"一行，可知《范氏二十种奇书》亦称《范氏丛书》。又在《两同书》目录下注"载范氏藏书"一行，对照上一条，此处"藏"字疑"丛"字或"奇"字之误。

四、不仅被《汇刻书目》列为奇书本的《虎钤经》一书目录下不注《范氏二十种奇书》一行，而且应属奇书本的《竹书纪年》和《郭子翼庄》两种目录下，也不注明《范氏二十种奇书》，这说明，我们不应当只依据《澹目》的互著，而把漏注的奇书本排除在外。

综上所述，可知《澹目》在著录上有错漏的地方。正因为《澹目》著录不完备，所以后人就有进行校补的必要。如《奕庆藏书楼书目》补上了《两同书》，而《汇刻书目》却补上了《虎钤经》。清嘉庆四年，桐川顾修编《汇刻书目》，称："范氏二十种奇书，明鄞范钦天一阁校刊"，子目除《澹生堂书目》所列十九种外，增加《虎钤经》，补足为二十种。

然而细查原书，未见有总目或总序，在早期的天一阁书目里也均未作丛书著录，直到《汇刻书目》刊行以后，嘉庆十三年阮元编《天一阁书目》时，仍作为单行本分别收录在各类之中。因此可以推断，《范氏奇书》这个称号并非范钦自定，而是祁承㸁所加。

到了道光二十七年，刘喜海编《天一阁见存书目》时，方在例言中说道："范司马曩刊二十种奇书，见《汇刻书目》，遇此等书皆注明二十种奇书之一。"光绪十年薛福成编《天一阁书目》时，依据《汇刻书目》所录子目，在卷末附《天一阁校刊二十种奇书目》，并谓："右二十种皆阁中校刊，版本至今尚存，《汇刻书目》题曰奇书，今验版式俱同，而奇书之名未知何据。"上述两种天一阁书目，仍将这二十种书按单行本分类编目。

《范氏奇书》原书上既无总目，又无总序，所以后人在编制图书目录时，著录的子目就稍有不同，有的称二十种，有的称二十一种。1935年商务印书馆编印《丛书集成》，在提要中说："范氏二十一种奇书，六十五卷，明范钦校刊。……钦喜购书，筑天一阁以藏之。此集为钦所手订，世知宝贵。在全部中，《周易》及《元包》《潜虚》等书居其九，而《乾坤凿度》又析出为《乾凿度》《坤凿度》，故二十种亦称为二十一种也。内如吴陆绩注之《京氏易传》、唐郭京之《周易举正》，唐赵蕤注之《关氏易传》，皆不易得之书，正不能以其偏重而少之耳，十余年前，曾收得《两同书》二卷，亦天一阁刊本，版式与二十一种同，然是编既无总目，诸家书目亦均不载，故未并入。"这里把《乾坤凿度》的上卷《乾凿度》和下卷《坤凿度》析为两种，而使《范氏奇书》子目成为二十一种，这是不妥当的。

中华人民共和国成立后，上海图书馆编印的《丛书综录》，在著录时仍称《乾坤凿度》为一种，但误把《周易乾凿度》二卷著录为《周易乾坤凿度》二卷，另外增加了《潜虚发微论》一种，仍为二十一种。今查原书，发现《潜虚发微论》一篇，全文仅十六页，附刻在《潜虚》一书之后，两者内容紧密相关，页码亦上下相连，《潜虚》自一至三十三页，《潜虚发微论》自三十四至四十九页，版心均刻"潜虚"，《潜虚发微论》卷末称"《潜虚》终"，故别析一种也是不妥当的。

数百年来，《范氏奇书》作为一部丛书已被藏书家和目录学家所公认。有的书内容简略，如《广成子解》全书仅六页，《郭子翼庄》仅十一页，均与其他书合订在一起，不便作为单行本处理。

综观"奇书本"的特点，显然有两条：一为范钦所手订，或具名，或具号，名字前或冠以籍贯，或冠以时代，落款格式与原书著者的题法相称；二是版式相同，即半页九行，行十八字，白口，左右双边。

对照"奇书本"的上述两个特点，我们就可发现，被《澹生堂书目》和《汇刻书目》著录的《元包经传》和《元包数总义》，虽是天一阁刻本，但未经范钦手订，版式也不同（薛目谓"今验版式俱同"，实未细察），故不宜列为"奇书本"。此外，《两同书》和《新语》两种书却符合上述特点，应予补入。这样，笔者认为《范氏奇书》的子目，即为本文第二节所列第一类型的二十种刻本。

至于丛书的名称，也有各种不同的叫法：《奕庆藏书楼书目》称为《范子杂汇》，《丛书集成初编目录》称为《范氏二十一种奇书》，《北京图书馆善本书目》称为《天一阁奇书》，《丛书综录》称为《范氏奇书》。这里采用了《丛书综录》的著录法，是因为《范氏奇书》这个名称与最初记载的《澹目》相一致，把种数著录在书名之后，更出于全国善本书目著录条例的规定。

《范氏奇书》二十种,现存十九种,只有《虎钤经》一种遍访而不得。于是《虎钤经》一书究竟是什么样子的?这又是一个引起争议的问题。

《虎钤经》被列为奇书本,始于清顾修编的《汇刻书目》。编者当时看到的天一阁刻本《虎钤经》是个什么样子的,没有详细记载,不过,我们可以从同时代的其他书目的记载里得到印证。

阮元《宁波范氏天一阁书目序》云:"余于嘉庆八九年间,命范氏后人登阁,分厨写编之,成目录一十卷。十三年秋,以督水师复来宁波……遂属府学汪教授本校其书目、金石目,并刻之。"该目对天一阁刻本记载甚详,凡经范钦校订的书均注明"明司马公讳钦订"或"明司马公订""明司马公校刊",未经范钦校订而刻印的书,如《元包经传》《元包数总义》均无这样的著录。因此可以说,《阮目》是记载天一阁刻本最为可靠的依据。

《阮目》对《虎钤经》的著录是:"《虎钤经》二十卷,刊本,宋许洞著并表,自序云:'虎钤者将军之事也。……自为一家之言,创意于辛丑之初,成文于甲辰之末。其书二百一十篇,分为二十卷,成于吴郡凤凰里。'明司马公讳钦订。"

由此可知,同其他奇书本一样,《虎钤经》一书上有没有"范钦订"字样,是区别天一阁刻本与其他刻本的标志。

（四）藏版和印本的流传

天一阁刻书版片，明清两代未见著录。1940年冯贞群编《鄞范氏天一阁书目内编》时，始附录版片目，其中《周易略例》七片，《论语》十九片，《孔子集语》十片，《元包经传》二十六片，今均无片版存者，其他各书的版片，也自然损坏了许多。现存二十五种，计双面五百九十七片，单面一百片，半片的都不计在内。这批明代版片，已成为我国雕版印刷史上现存较早的文化遗物。

清代以来三百多年间，天一阁未曾刻书。现藏清刻残版有两种：一为嘉庆十三年阮元主持编制的《天一阁书目》，由宁波府学教授汪本校刻；另一为光绪十年薛福成主持编制的《重编天一阁见存书目》。这批书目的版片原藏甬上崇实书院，辛亥革命后才移藏阁中。

天一阁刻本书在国内已极稀见，有的成了孤本，有的已经失传。《范氏奇书》天一阁只存十四种。笔者于1980年11月南下访书，在温州市图书馆见到了十六种，又在瑞安玉海楼见到一种，即《孔子集语》二卷，此书恰好是温州馆所缺者，从书品来看，原是同一部的，今散存二地。温州市图书馆可称是国内收藏《范氏奇书》最多的单位。北京图书馆、中国科学院图书馆、南京图书馆、浙江图书馆、吉林大学图书馆、上海图书馆、温州市图书馆、重庆市图书馆所藏亦均非足本。此外，台湾尚存天一阁刻本二十余种。目前，天一阁文物保管所正在做配残补缺的工作。

把天一阁现存明代版片和已知刻本书的流传情况作一记录是颇有意义的，从中可以看出四百多年来的变化。那些印本书已佚的现存明代书版，将会更加受人珍视。

一、《王彭衙诗》九卷

版佚。书藏南图。

二、《熊士选集》一卷

版佚。书藏北图、天一阁。

三、《阮嗣宗集》二卷

版佚。书藏北图。

四、《乾坤凿度》二卷附《周易乾凿度》二卷

版存双面二十四片半，单面四片。书藏北图、上图、科学院、吉大、温图、南图、天一阁。

五、《周易古占法》二卷

版存双面二十片，单面一片。书藏北图、上图、科学院、南图、温图、天一阁。

六、《周易略例》一卷

版佚。书藏上图、南图、温图、天一阁。

七、《周易举正》三卷

版存双面十六片，单面二片。书藏上图、南图、吉大、温图、天一阁。

八、《京氏易传》三卷

版存双面十三片,单面五片半。书藏上图、南图、浙图、温图、天一阁。

九、《关氏易传》一卷

版存双面一片。书藏上图、南图、温图、天一阁。

十、《麻衣道者正易心法》一卷

版存双面两片又两个半片。书藏北图、上图、南图、科学院、温图。

十一、《穆天子传》六卷

版存双面一片。书藏北图、上图、南图、温图、天一阁。

十二、《孔子集语》二卷

版佚。书藏北图、上图、南图、天一阁。

十三、《论语笔解》二卷

版佚。书藏上图、南图、温图、天一阁。

十四、《郭子翼庄》一卷

版存双面五片。书藏上图、温图。

十五、《广成子解》一卷

版存双面三片。书藏北图、南图、温图、天一阁。

十六、《三坟》一卷

版存双面八片。书藏上图、南图、北图、科学院、吉大、温图。

十七、《商子》五卷

版存双面二十四片又两个半片,单面三片。书藏北图、温图、天一阁。

十八、《素履子》三卷

版存双面五片半。书藏北图、上图、科学院、南图、温图。

十九、《竹书纪年》二卷

版存双面二十四片,单面两片。书藏北图、上图、南图、浙图、温图、天一阁。

二十、《潜虚》一卷

版存双面十六片又两个半片,单面半片。书藏北图、南图、上图、温图。

二十一、《虎钤经》二十卷

版佚。书亦未见。

二十二、《两同书》二卷

版存双面五片又两个半片,单面一片。书藏南图、天一阁。

二十三、《新语》二卷

版存双面十三片,单面两片。书藏天一阁。

二十四、《司马温公稽古录》二十卷

版存双面一百十一片,单面十四片半。偶有补版。书藏上图、南图、浙图、天一阁。

二十五、《孙子集注》十三卷

版佚。书亦未见。

二十六、《元包经传》五卷

版佚。书藏北图、上图、南图、浙图、吉大、温图、天一阁。

二十七、《元包数总义》二卷

版存双面六片,单面一片。书藏北图、上图、南图、浙图、温图、天一阁。

二十八、《说苑》二十卷

版存双面九十一片又十个半片,单面二十七片。书藏天一阁。

二十九、《新序》十卷

版存双面四十七片,单面二十二片。印本未见。

三十、《法帖释文》□卷

版存双面两片,其中一片刻"法帖释文终上、四十"可知上卷为四十页。印本未见。

三十一、《奏议》四卷

版存双面十四片,单面一片。书藏北大、天一阁。

三十二、《古今谚》一卷

版存双面九片,单面一片。印本未见。

三十三、《天一阁集》三十二卷

版存双面一百三十六片,单面十三片半。偶有补版。书藏北图、天一阁。

三十四、《三史统类臆断》一卷

版存双面一片,单面一片。天一阁现藏此书后印本。

天一阁藏书传抄遗闻

书籍传抄是文献传播的一种重要方式,印刷术发明以前,古代典籍主要靠抄写流传。此后,即使是雕版印刷和活字印刷盛行的明清时期,有时由于复本需要量不大,或印刷条件一时不具备,抄录书籍仍然不失为保存和传递文献比较切实可行的办法。著名的《永乐大典》和《四库全书》在当代便只有抄本问世。一些公私藏书家也往往通过互相抄补来充实自己的收藏。天一阁更以收藏大量明抄本而闻名于世。

古人的抄书活动是怎样进行的?这是文献史研究中的一个有趣的课题。笔者认真分析了天一阁现存两种康熙年间书籍传抄的档册,发现了清初时期天一阁藏书史上的一件遗闻轶事。

（一）从黄宗羲破例登阁谈起

天一阁藏书，自范钦殁后，长期处于封闭状态。据史学家全祖望的记载，"是阁之书，明时无人过而问者"。[1]自易代以来，才出现"四方好事，时来借钞"[2]的局面。

这种新局面的出现，开始于康熙十二年（1673）黄宗羲的破例登阁。它标志着天一阁持续一百余年之久的禁遏政策有了某些改变。从此，天一阁进入了新的历史阶段。

当时，天一阁主人已传至第四代，其代表人物是范光文和范光燮。乾隆《鄞县志》范光文传云："范光文字潞公，钦之曾孙，顺治六年（1649）进士，授礼部主事，主陕西乡试，选吏部文选司，尝值诸曹乏人，兼署四司事……天一阁藏书甲于浙东，光文复购所未备增储之。黄宗羲至甬上，光文导之登阁，读所未见书，一时称其不愧世家风流云。"光文是范钦之后的又一位进士，一字耿仲，对于天一阁的中兴起了重要作用。但据黄宗羲《天一阁藏书记》说"癸丑余至甬上，范友仲破戒引余登楼，悉发其藏，余取其流通未广者抄为书目"，友仲为光燮之字，那么是否光文与光燮两人共同导黄宗羲登楼呢？查《范氏家谱》，光文生于万历二十八年（1600），卒于康熙十一年（1672），黄宗羲登阁时已去世一年了。可证乾隆《鄞县志》记载之误。该志又不列范光燮传，后之修志者未及细考，多沿用此说，以至埋没了范光燮在天一阁藏书史上的功绩。

光燮字友仲，又字鼎仍，万历四十一年（1613）生，康熙十五年（1676）恩贡，任嘉兴府学训导。嘉庆《嘉兴府志》云，"康熙丙辰为嘉兴府训导，性刚正，诸生有过，辄召而面责之。生平好善不倦，闻有至行至嘉者，必请于学使奖励焉，祀名宦"。^{（3）}著有《希圣堂讲义》《唱和诗》等，号希圣老人。康熙二十五年（1686）升长治县丞，适染危疾，乞休归里。嘉兴府合郡乡绅公撰《希圣先生范公小传》。称他在嘉兴时"葺文庙两庑，整仪门，饰诸墙垣，捐资兴建希圣堂一所，诸先生及绅袍硕儒数百人，一月两会于斯堂，谈经论史，阐明理学，寒暑不辍"。又云："其祖大司马东明公购未见书藏于宅东天一阁。先生与伊兄铨曹光文公读书其中，披阅探索，深得精一奥旨，贯五经四子而会其要，尝曰'士不希贤，贤不希圣，无志之甚也；寻章摘句，夸多斗靡，陋矣！'"曾"葺天一阁诸屋，以安祖泽"。康熙三十七年（1698）卒。正是这样一位学者兼藏书家，在沟通了天一阁与学术界的联系之后，凭着他的胆识和氏族中长者的地位，又组织了一次较大规模的对外传抄书籍的活动。

（二）三百年前的一本抄书记录

天一阁目前还保存着一本三百年前抄书时的流水账，共六十页，其中有文字记录的二十一页，空白三十九页，竹纸无栏，不编页次，民国以前天一阁书目无著录，因各页骑缝中钤有"嘉兴府儒学印"朱文方印，卷首衬页右上角钤有范氏"十州三岛人家"朱文长方印，方知此册为范光燮任嘉兴府学训导时所录。按日记事，起自某年七月廿七日，止于次年六月十九日。另有单页五页，无日期，为防止失落今粘贴在空白页上。

全册内容可分为抄写书与解送书两部分，多为纸张、抄件、抄费等收付记录。值得注意的是有几页小结性的"书目"，包括："第一次付学解书"，"第二、三回付学解书"，"目下用抄书"，"十一月二十日起解书"，"存未解书"，"续解书"，"寿柱抄书总数"。封面原无书名，1937年冯贞群先生编目时题为《康熙中传抄天一阁书目》。

从对这二十多页记录的剖析中，可以勾勒出这次抄书活动的概况。

——抄书时间，在范光燮任嘉兴府学训导时期，即康熙十五年至二十五年之间（1676—1686）的某二年。

——传抄本需求者为嘉兴府儒学，如第十一页有"敖继公仪礼集说，全八本，解府学，陈雅言书义卓跃，全二本，解府学"等记载。所抄之书以经学为主，正是当时学校教学所必需的读物。

——版式，见首页载："七月二十日刻板纹肆分"，又第四页载："左垣九月初一日去格子一千张，九月二十一日又去格子二百张"，格子即格子纸，可知所抄书至少一部分有统一的行格。

——用纸，为太史纸，见首页载"七月廿七日买太史纸一篓"。

——抄者，主要有赞禹（昌柱）、左垣（盛柱）、仲章（仲柱）、心朋（寿柱）、绳武等。考《范氏家谱》，均系光燮子侄辈或孙辈。赞禹名从益，正辂之子，光燮之孙。左垣名廷辅，光燮次子。仲章名正国，光文次子。绳武，廷仁之子，光文之孙。心朋名廷筠，光燮弟光交之次子。其中从益生于康熙三年（1664），抄书时年约二十岁，后以明经为湖广郧阳府通判，再任广西桂林府通判。[4]据现有资料，完成抄书数量以心朋为多，"寿柱抄书总数"记载"已抄一万三千四百七十九页，净欠书一百八十七页"。抄写分工亦曾采用分房包干的办法，如第十六页载"昌房该书四千三百，交过二千七百四十三页；盛房该书四千三百，交过四千七百十六页，多四百七八页，付昌房"，考《范氏家谱》范光燮之子以"昌盛成维"四字分房，昌房为正辂，盛房为廷辅。

此外，册中尚记有楚先、楚宿、二毛、元卿、河井、陈永年、毛左仪、邵德等人名，今不可考。

——抄费，账册中偶记预付银两数，"寿柱抄书总数"页记载："一次分得银二十五两，该书五千，一次分得银二十两，该书四千"，据此，抄费以页计算，不是以字数计算，每抄二百页，抄费银一两。

此外，不见有校费支付，盖抄校者为同一之人，或抄本未经雠校。

——解送，计页数：如"第一次付学解书"十三种，计九千二百十四页，"目下用抄书，用续补书"末注"共解过三万九千三百五十七（页），并现该有四万五千七百七十（页）"。此外，在"第二、三回付学解书"项之末注明"娄差官，王差官附去"，可知随抄随交，有时交便人带去。

——缺佚，在"目下用抄书"项内注明"三孔文集十本，因传写遗失"，又在"拟上五经应抄书目"项之末注云："类书，三才广志，著作姓名无，计一千一百八十四卷，缺二百五十卷"，可知这部著名的明抄本，在清初时已非足本。

（三）《学院访求书目》新解

《学院访求书目》仅四页，蓝丝栏抄本，白口，四周双边，半页九行，首行题书名，每行上下记二部书名，不记年月，未钤印章。民国以前天一阁书目无著录，冯贞群编《鄞范氏天一阁书目内编》著录为"清康熙中浙江学政向天一阁征抄书目"。似乎与嘉兴府学的抄书无关，因此过去从未有人想到把它与嘉兴府学《康熙中传抄天一阁书目》联系起来作比较研究。

笔者注意到《学院访求书目》书名下偶记抄者及解送情况，如《春秋列国王霸记》，盛抄就，已解。盛即盛柱（左垣），所注盛抄之书尚有《书传会选》《朱震易传》《诗补传》《春秋经筌》《春秋五伦》等数种，与嘉兴府学传抄书目记载完全相同。同时发现在《周诗遗轨》目下注"是选诗"（意即非诗经），与嘉兴府学传抄书目所注"周诗遗轨、四本、系选诗，非经学"，亦相同。显然，这两本书目记载的是同一件事。于是便把这两种抄书记录作了一次全面的互校。

发现学院访求书籍见于《康熙中传抄天一阁书目》已抄或已解者占大多数。有《周易古经》《周易要义》《周易总义》《周易义海撮要》《周易赞义》《周易图释》《朱震易传》《周易集解》《俞琰周易集说》《易外别传》《胡日易演》《西溪易说》《易图通变》《读易释疑》《夏柯山尚书详解》《书传会选》《东莱书说》《书义矜式》《程大昌禹贡论》《洪范图解》《洪范九畴数解》《洪范考疑》《河图洛书作范宗旨》《梁寅诗演义》《逸斋诗补传》《诗义断法》《东莱春秋集解》《春秋属辞》《春秋或问》《春秋经筌》《春秋权衡》《春秋录疑》《春秋透天关》《春秋列国臣传》《春秋释义》《春秋提纲》《春秋经解》《春秋五伦》《春秋启钥龙虎正印》《春秋类编》《春秋经传辨疑》《春秋辞命》《春秋私考》《春秋左史捷径》《祀记集说》《仪礼经传通解》《仪礼戴记附注》《仪礼集说》《周礼集说》《四书管窥》《四书经义贯通》《四书通旨》《四书口义》《张南轩孟子解》《石渠意见》《石渠意见拾遗》《政和五礼》《礼仪定式》《钟律通考》《蔡氏律同》《射礼集要》《通鉴长编》《隆平集》《元和郡县图志》《八阵辨疑》《营造法式》共六十六种。《学院访求书目》与《康熙中传抄书目》的同一性证明，此目访求者不是浙江学政，而是嘉兴府儒学。

（四）访求书目与传抄书目的不完全性

访求书目与传抄书目比较研究，还发现这两种书目的记录都是不完全的。

首先，《康熙中传抄天一阁书目》记载已抄或已解，而不见于《学院访求书目》者有十三种，即《周易详解》《董鼎尚书》《陈雅言书义卓跃》《春秋尊王发微》《仪礼经传续解》《四书丛说》《陈用之论语解》《宋史长编》《麟题备览》《唐大诏令》《赵东山集》《杜光庭广成集》《朱胜非绀珠集》。其中有半数是经学以外的著作。可知访求书目之外尚有补抄者。

其二，《学院访求书目》记载已抄或已解，而不见于《康熙中传抄天一阁书目》者有八种，即《尚书义粹》《毛诗名物解抄》《毛诗疑问》《春秋皇纲论》《春秋本例》《春秋金钥匙》《左氏事类本末》《春秋列国王霸世纪》。说明此次所抄之书不止《康熙中传抄天一阁书目》中记载的那么多。

此外，《学院访求书目》记名，但未注明已抄或已解，亦不见于《康熙中传抄天一阁书目》者有三十七种。即《周易通释》《周易诸图说》《周易经传训解》《周易经传互注》《易图识漏》《玩易意见》《绚庵易咏》《叶八白易传》《周易传义》《启蒙意见》《书传辑录纂注》《时澜书口》《尚书详解》《书经直指》《尚书疑义》《禹贡详略》《毛诗纂义》《春秋左氏传补注》《春秋意林》《春秋集解传详注》《春秋集注》《春秋诸传会通》《春秋诸传辨疑》《春秋辨义》《春秋类题》《周礼详解》《四书通证》《四书解》《四书疑节》《学庸口义》《中庸思问》《尊孟辨》《张南轩论语解》《司马氏口义》《饮射图》《律吕管钥》《东都事略》。上述书籍究竟是否抄录，无明确记录。经与早期天一阁藏书目录核对，这些书，当时阁内都有底本收藏。既有需要，又有可能，据此推断，当在抄解之列。

综上所述，此次抄书总数在百种以上。其传抄数量之多，持续时间之长，规模之大，在范钦去世之后的天一阁藏书史上是空前的。范光燮集收藏者与需求者于一身，具有藏书家、学问家的远见卓识，是这次抄书活动得以实现的决定性条件。记录这次抄书活动的这两本档册成了至今罕见的，值得人们珍视的文献史资料。

（1）全祖望《天一阁碑目记》。
（2）全祖望《天一阁藏书记》。
（3）嘉庆《嘉兴府志》卷四十二。
（4）光绪《鄞县志》范正辂传附。

天一阁藏乾隆颁赏书画记

天一阁从创建之日起，以其独特而严密的管理制度世守陈编，在默默地度过了两个多世纪之后，进入了"乾隆盛世"。乾隆三十八年（1773）诏修《四库全书》的谕旨震动了大江南北的藏书之家，也冲破了天一阁"书不出阁"的禁例。天一阁进呈六百三十八种珍贵典籍作为四库底本，得到乾隆皇帝的赞扬和"恩赏"。从此，在这座民间藏书楼里，便增入了宫廷文物，一直为后人所称道。

（一）册府之巨观　群书之渊海

自乾隆三十九年（1774）以来，天一阁楼上正中一间便陈放着一部《古今图书集成》，因为这部书是乾隆皇帝钦赐的，所以"宝书楼"匾额下面的那只书橱做得特别高大，橱门上还雕刻着双龙图案。

《古今图书集成》是一部类书。类书是一种分类汇编各种材料以供检索的工具书。这部书汇集的资料极为丰富，内容十分广博，包括了我国古代哲学、社会科学和自然科学、应用技术的各个门类。编者陈梦雷说："凡在六合之内，巨细必举，其在十三经、二十一史者，只字不遗。其在稗史子集者，十亦只删一二。"学者张廷玉认为该书贯串古今，包罗万有，"诚册府之巨观，为群书之渊海"。直到今天，仍有其重要的文献价值和学术研究参考价值。

《古今图书集成》又是我国现存最大的一部类书，全书一万卷，目录四十卷，共约一亿六千万字。其卷帙之多，仅次于明代的《永乐大典》。大典原有二万二千九百三十七卷，现存仅八百余卷。我国古代的类书又相当于现代的百科全书，《古今图书集成》在分量上也远远超过世界著名的《大英百科全书》。

《古今图书集成》不仅内容广博，而且分类细密，在我国类书中体例最为周详。全书分历象、方舆、明伦、博物、理学、经济六编，下分乾象、岁功、历法、庶徵、坤舆、职方、山川、边裔、皇极、宫闱、官常、家范、交谊、氏族、人事、闺媛、艺术、神异、禽虫、草木、经籍、学行、文学、字学、选举、铨衡、食货、礼仪、乐律、戎政、详刑、考工三十二典，六千一百零九部。每部据不同情况分列汇考、总论、图、表、列传、艺文、选句、纪事、杂录、外编等项。引证材料标明书名、篇目和作者，便于读者查对原书。

《古今图书集成》有雍正四年（1726）御制序文，至雍正六年（1728）用铜活字排印而成，加目录四十卷，分装五千零二十册。这部书也是我国最大的一部铜活字印本书，当时只印六十四部（另样本一部），除分藏内府外，用来赏赐有功大臣。后来，乾隆年间修《四库全书》，分建七阁，各藏一部。民间进呈图书在五百种以上者也都赏赐一部。乾隆三十九年（1774）六月二十四日上谕："浙江宁波府范懋柱家所进之书最多，因加恩赏，给《古今图书集成》一部，以示嘉奖。"当时除天一阁外，得书者还有鲍士恭、汪启淑、马裕三家。

天一阁所藏的是毛装本，保持着初印时的风貌。版框高21厘米，宽14.5厘米，半页九行，行二十字。印刷精良，插图尤其精美，后人珍为世宝。

乾隆帝赏书给天一阁这件事，不仅范氏子孙引以为荣，而且地方人士视为艺林盛事，载入地方史册。乾隆《鄞县志》卷首还刻有天一阁图，对浙东藏书的风气起了推波助澜的作用。到光绪年间，天一阁藏书已大量散亡，《古今图书集成》也只存八千三百余卷，宁波知府宗源瀚仍撰联称颂："杰阁三百年老屋荒园足魁海宇，赐书一万卷抱残守缺犹傲公侯。"

　　随着时间的推移，本来就印数不多，流传较少的《古今图书集成》铜活字本，至今更如凤毛麟角。据有关资料记载，国内除天一阁外，收藏此本的单位仅北京图书馆、故宫博物院、中国科学院、辽宁省图书馆、甘肃省图书馆、徐州图书馆等六家，有的已不完整。国外在伦敦不列颠博物馆藏有足本一部，已改订成洋装。法国巴黎、德国柏林藏有残卷。

（二）历史之画卷　艺术之精品

在天一阁的文物陈列室里，有一套十八世纪的古代绘画，吸引着许多中外来宾，受人珍视。这是描写当时战争的组画，具有重要的历史艺术价值。

全图共十六帧，封面题名《平定回部得胜图》，卷首有木版刻印的乾隆皇帝亲制序文，卷末刻有于敏中等大臣集体撰写的跋文。图中描绘清朝乾隆年间平定新疆准噶尔部和回部上层贵族叛乱集团的战争，歌颂我国多民族国家的团结和统一，因此亦称《乾隆平定准部回部战图》。

展开画卷，只见山河广阔，驼马成群，烽烟弥漫，长矛交加，祖国西北边陲呈现紧张、急迫的气氛。那是乾隆二十年（1755）春天，清朝政府得知新疆北路的准噶尔部上层贵族发动叛乱，即派兵围攻伊犁，并乘夜突入敌营，俘获叛军首领达瓦齐。初定伊犁后，清政府把准部地方分做四块，派员分治，以便互相钳制。谁知被分封到杜尔伯特部的阿睦撒纳，在沙俄的煽动下又发动叛乱。清将兆惠在鄂垒扎拉图地方与之激战，阿睦撒纳败逃俄罗斯。天山南路的回部上层贵族那布敦和霍集占也参与叛乱，他们自称大小和卓木（圣裔）。清军在非常困难的条件下征战数年，叛乱始平。乾隆二十五年（1760）二月，兆惠等奏凯还朝，对巩固我国统一的多民族国家作出了历史的贡献。

战争结束后,"绘平定伊犁回部之图,以昭旗常垂史牒"。画家们数易其稿,终成十六帧,即《伊犁受降图》《格登鄂拉斫营图》《鄂垒札拉图之战图》《和落霍澌之捷图》《库陇癸之战图》《乌什酋长献城降图》《黑水围解图》《呼尔满大捷图》《通古思鲁克之战图》《霍斯库鲁克之战图》《阿尔楚尔之战图》《伊西洱库尔淖尔之战图》《拔达山汗纳款图》《平定回部献俘图》《郊劳回部成功诸将士图》《凯宴成功诸将士图》。乾隆皇帝在序文中说:"西师定功于己卯,越七年,丙戌战图始成,因详询军营征战形势,以及结构丹青,有需时日也。"可知画家们是经过详细的调查研究,然后动笔的。这样,就为后人留下了宝贵的形象史料。

这套组画是极为精致的铜版画,每帧纵50.5厘米,横88.5厘米。铜版画开始产生于欧洲,至今已有六百年的历史,由于制作技术复杂,价格昂贵,在民间很难推广,因此是一种名贵的版画。这套铜版画是在法国法兰西皇家艺术院院长马利尼侯爵亲自过问下,请雕版名手勒巴·圣·多米·布勒弗等七人分别制作的。画稿分数批出国,乾隆三十八年(1773)全图制作告成,是铜版画中的精品,也是中外文化交流的结晶。

这套组画采用中西相结合的画法,在整个构图上吸收了中国绘画的传统表现方法,不受时间和空间的限制,把不同时间、地点的人物和事件组织在一个画面中。例如《格登鄂拉斫营图》作者把阿玉锡率领的突击队出发、行军、冲击,以及双方厮杀、叛军溃败、清军主力接应等并不发生于同一时间的情节组画在一起,取得了很好的艺术效果。主要作者郎世宁是意大利人,原名约瑟·迦斯底里阿纳,他以传教士身份来到中国,后来成为宫廷画家,他以别具一格的中西掺用画法而闻名于清朝画坛,在创作这套组画时,年已七十多岁。其他几位参与绘画的宫廷画家,也都是供奉宫廷的外国传教士。他们熟练地掌握了西洋画的技法,整个画面强调光线的明暗和透视,人物造型注重在解剖,所画的山石、城堡的亮部和暗部分明,人物、马匹的比例适中,具有浓厚的西洋画风味。所以,这套组画是东西方画风融合的代表作品。

每帧画的上部留有乾隆皇帝的诗文墨迹。乾隆在序文中写道:"已有成咏者,即书之帧间,其未经点笔者,兹特补咏,凡六事。"每帧落款题"御笔"两字,并钤有"乾隆宸翰"等印章。乾隆皇帝喜欢作诗题书,然而这样长篇的书法,亦不多见。全图曾印制百套,可惜至今大多失传。天一阁收藏的是在乾隆四十四年(1779)"御赐"入阁的。已知故宫博物院亦有保存,可是图上没有乾隆题字,足见天一阁藏本之珍贵。

乾隆五十二年(1787),乾隆皇帝又送给天一阁《平定两金川战图》一套十二帧,每帧均有乾隆题诗,题为:"将军阿桂奏,攻克科布曲索隆古山梁等处碉寨,即期迅捣贼巢,诗以志事";"副将军明亮奏,攻克宜喜达尔图山梁,已据要隘,筹进取贼巢,诗以志事";"将军阿桂奏捷,攻克木思工噶克了口等碉栅,诗以志事";"副将军明亮奏,攻克日旁一带碉寨,诗以志慰";"将军阿桂奏捷,官军收复小金川全境,诗以志事";"将军阿桂奏捷,罗博瓦碉山痛歼贼众,相机进剿,诗以志事";"副将军明亮奏捷,攻克宜喜甲索等碉卡,诗以志事";"八月二十四日丑时将军阿桂驰报,攻得勒乌围红旗,是晚奏折至,知攻克贼巢长悉,诗以志事";"副将军明亮奏报,攻克石真噶贼碉,诗以志事";"将军阿桂奏报,大兵攻克喇穆喇山梁及日则了口,诗以志事";"将军阿桂奏,攻克康萨尔山梁碉寨、木城,诗以志事";"将军阿桂奏,攻克噶喇依贼巢红旗,报捷,喜成凯歌十首"。图目记载于嘉庆十三年(1808)阮元编《天一阁书目》,至光绪十年(1884)薛福成编《天一阁见存书目》时,称"金川战图已佚"。

天一阁散书访归记

（一）散出去向

　　古人聚书，大多不数传而烟消云散，罕有保存两个世纪以上者。"无力者既不能聚，聚者亦以无力而散。"[1]更难免遭受战争和水、火、虫、盗等自然和人为因素的破坏。所以，藏书家们往往对于"人亡人得，聚散无常"的现象发出无可奈何的慨叹。在那时，由于历史的局限，人们不可能认识旧社会众多悲剧都是由社会制度造成的。在封建社会里，一切文化都受封建专制政治和私有制经济的制约，随着政治的动乱和经济的衰落，无论官私藏书楼都必然地要逐渐走向衰亡。

　　天一阁是至今幸存的唯一延续四百年之久的一个古老藏书楼。它同样受到过旧社会无情的摧残。早在乾隆"承平盛世"时，封建帝王就明令"采进"，大量藏书被侵夺。在以后的战乱岁月里，又多次遭受坏人的盗窃。光绪三十四年（1908），学者缪荃孙登阁观书时所见，远非嘉庆年间阮元编目时的盛况。[2]过了二十多年，赵万里先生南下访书，那时天一阁更为破败，不但周围"一片荒凉"，而且书楼面临着火灾的威胁。[3]

　　最早记述天一阁藏书散出的是清代史学家全祖望，他在《天一阁藏书记》中说："自易代以来，亦稍有阙佚，然犹存其十之八，四方好事，时来借抄。"但是，康熙间黄宗羲的学生李邺嗣却说:"天一阁所藏书最有法,至今百余年,卷帙完善。适余选里中耆旧诗,公曾孙光燮为余扫阁,尽开四部书使纵观,因得郑荥阳、黄南山、谢廷兰、魏松雪诸先生诗集,录入选中,俱前此选家所未见,其有功吾乡文献为甚大矣。"(4)并未提到明清易代之际书籍有散佚。我们拿早期的天一阁藏书目录比对,虽然各旧目记录不全,但仍可看出,在范钦去世以后至范懋柱进呈图书之前的一百八十多年间,天一阁藏书续增或散出的数量都不大。

天一阁藏书的大量散出是乾隆三十八年(1773)呈书以后一百五十年间的事。书籍流出的去向除宁波当地外,主要是北京和上海。

乾隆三十八年(1773),清政府开四库全书馆,天一阁后人遵照乾隆"谕旨",向清政府进呈了图书。据光绪十年(1884)编目时考查,共进呈六百三十八种。(5)《四库全书》完成后,乾隆《鄞县志》称:"魏了翁《周易要义》、马总《意林》二书,鄞县生员范懋柱所进,御制诗题其简端,仍给还本家,今尊藏于天一阁。"但绝大多数没有发还,后来辗转流落北京厂肆,为公私藏家所得。如今尚在世的以北京图书馆保存最多。笔者曾在西安市文物管理局看到过明抄本《皇王大纪》二十册,这部书就是道光年间的一位翰林从北京带往西安的。封皮下方正中盖有长方形朱文钤记,朱记直书四行:"乾隆三十八年十一月浙江巡抚三宝送到范懋柱家皇王大纪壹部计书贰拾本"。某月、某书及本数都用朱笔填写。开卷又有翰林院的大方印。

自鸦片战争至清末的七十年间，天一阁藏书又多次散出。我们从嘉庆十三年（1808）刊印的《天一阁书目》、道光二十七年（1847）编《天一阁见存书目》与光绪十年（1884）刊印的《重编天一阁见存书目》的比较中，可以知道这一时期散出的书籍约在一千六百部以上。这批书籍起初流落在本地，后来大部分被毁失传，少量的由当地藏书家收藏，有的还为外国人所得。"道光庚子，英人破宁波，登阁周视，仅取一统志及舆地书数种而去。咸丰辛酉……阁既残破，书亦星散……闻书为洋人传教者所得，或卖诸奉化唐岙造纸者之家"。[6]卖给纸厂的书以斤论值，做了造还魂纸的原料。藏家中以"奉化士子某买得最多，后毁于火"。[7]"宁波二、三等的藏书家，如徐时栋、姚梅伯之流，以及到过宁波做过官的如吴引孙有福读书斋，沈德寿抱经楼，都有天一阁的细胞在他们藏书里称霸着。就是现在几位宁波本地的藏书家，也都有少数天一阁的种子分布着"。[8]

民国三年，天一阁藏书又大量被窃。大盗薛继渭挖掉天一阁屋顶瓦片及椽子，潜身入内，历时数十日。"迨知觉，已去大半，鸣官究治，止定获到二贼罪名，书仍不能还阁"。[9]这批书约计一千多部，全部运带至沪。"辗转地由上海几个旧书店，陆续售归南方藏书家。当时以吴兴蒋氏收得最多，号称孤本的明抄《宋刑统》就在里头。现在蒋氏书散，整批明别集流归北平图书馆，其他登科录及明季史料，则归商务印书馆，在'一·二八'淞沪战起时，作了日本飞机队的牺牲品"。[10]此外，上海及苏州等地的藏书家也有少量收藏。经过这次浩劫,劫余书籍除明代地方志和科举录外,多为零篇断简。此后,由于管理不善,藏书又有零星散出,今北京图书馆所藏明嘉靖刻本《雩都县志》和《大埔县志》,就是抗日战争期间天一阁藏书转移途中散出的。

天一阁散出之书,目前多归各地图书馆,其中以北京图书馆、上海图书馆收得最多,约在百种以上。浙江图书馆收藏的《古易世学》《皇明谥法考》《圣宋名贤四六丛珠》《王黄州小畜集》,书上都有天一阁的藏书印。湖南省图书馆、甘肃省图书馆、天津图书馆、广东中山大学图书馆、西安市文物局、绍兴鲁迅图书馆、余姚梨洲文献馆等均有零星收藏。此外,私人藏家亦偶有保存。

（二）访归来源

近四十年来，天一阁最引人注目的事，莫过于天一阁藏书的失而复得。当人们见到数十箱饱经灾难又重新归阁的珍版善本时，无不感到惊喜和欣慰，称为书林盛事，传为佳话。

访归书籍的来源不外两个方面：

一是天一阁工作人员的精心搜集。

20世纪50年代初，天一阁流散书籍在宁波市区的一些古旧书店和废纸店里尚有发现。最早购入的一批是在1950年，有《书传大全》《礼记集说大全》《三礼纂注》《前汉书》《晋书》《宋书》《宋史》《历代史纂左编》《文献通考》《天元历理》《五伦书》《南华真经义海纂微》《钱起诗集》《尺牍清裁》等十余种。此后连续三年均有零星购入，比较重要的有《春秋列传》《古今韵会举要》《金小史》《范钦奏议》《涌幢小品》《经济类编》等。

20世纪60年代，又向当地藏书家及上海、北京等地古籍书店购入数十种。如1961年5月16日向冯氏伏跗室购得天一阁抄本道藏十二种。1961年至1964年，多次从孙氏蜗寄庐购得《乙巳占》《类编古赋》《薛文清公行实》《唐文粹》《潞水客谈》等十余种。此外，向上海古籍书店陆续购得《四六丛珠》《翰苑新书》《西汉诏令》《皇明资治通纪》《诚意伯集》等数种。又向北京中国书店购得《汉魏诗纪》《天心复要》等数种。

在"文化大革命"十年动乱中，天一阁工作人员四出奔走，保护了一大批古书，但是所见天一阁原藏书已寥若晨星。1975年，在上海古籍书店的支持下，购得《皇朝平吴录》和《古乐府》两种。1987年8月又从废纸堆中拣得《边华泉集》和《桂洲诗集》残本两种。

二是公私藏家的慷慨捐赠。

早在1954年10月29日，浙江省文物管理委员会就发出公函，将收集到的天一阁原藏明世德堂刻本《列子》二册赠送归阁。该书钤有"天一阁""古司马氏"两印章，为范钦早年所收藏。

近四十年来，浙东的许多藏书家，先后把自己珍藏多年的书籍捐献给国家。其中保存有天一阁原藏书的有冯氏伏跗室，朱氏别宥斋，孙氏蜗寄庐三家。

伏跗室是冯贞群先生的藏书室，先生字孟颛，慈溪人，性喜读书，搜访三十余年，积书十余万卷。先生早年曾对天一阁藏书作过整理编目，对天一阁藏书特征十分熟悉，凡遇天一阁流出之本，加意购求。除了1961年5月转让十多种道家书之外，后来又拣出《太平御览》等数种捐赠归阁。

别宥斋是朱鼎煦先生的书斋名，先生字赞卿，萧山人。性好典籍，凡故家藏书散出，均不惜重金易得，又往来于杭州、上海等地购所未备，插架十余万卷。"文革"初被"抄家"，满地乱书，任人践踏，部分书籍因而残破。1979年，全部藏书捐赠给天一阁，其中就有天一阁流散的原藏书数十种。

蜗寄庐是孙家潍先生的藏书处。先生字翔熊，鄞县人。日坐书肆，先后收得者分装四十四箱。他曾出百金兑初印本《庚子消夏记》二册。书友知其肯出重价，凡遇故家散出之书，都先送到他家，任其从容选择。著名的元明戏曲史文献《录鬼簿》，天一阁散出后即由蜗寄庐收藏。1979年，存书一万四千余卷捐赠给天一阁，其中有范钦《天一阁集》三十二卷。

四十年来，天一阁共访得原藏书一百八十五部，计七百一十册，三千零六十七卷（不分卷作一卷）。至此，早年散存在宁波当地的书籍基本上都已归阁。

（三）鉴定依据

怎样从浩如烟海的典籍中识别天一阁原藏图书呢？只要认真追溯数百年来书籍收藏过程中人们活动的踪迹，从中找出天一阁藏书的特征，并对访归图书进行细致的综合考察，亦不难作出正确的判断。

鉴定天一阁原藏书须考虑如下一些因素。

一、文献著录。包括天一阁历代藏书目录，各家题跋和公私书目等。不但可从中了解散出图书的名称、卷数、著者、序跋、版本、藏章、存佚等情况，而且还可了解部分图书的辗转流散过程及递藏关系。

天一阁现存旧目不下十余种。这些书目反映了各个时期的藏书情况，从互相比较中，可以看出书籍散出的时间和流向。例如某书载光绪以前旧目，而不见于民国年间的藏书目，就可知道该书散出于1884年至1928年的四十多年间，如果同时见载于《失窃书目》，那么该书可能为1914年被窃，流向上海等地。不过应当注意，这些书目的编者往往出于个人偏见或社会历史原因，没有把当时所存的全部藏书都记录下来。因此，有的访归图书虽然旧目失载，而只要具有其他充分依据，仍可断定为天一阁原藏图书。

二、藏书印章。这是藏书归属的直接依据。可是，明清时期天一阁藏书极大多数不盖藏书印。访归书中钤有藏书印的只有三十六部。印文为"天一阁""天一阁主人""东明山人之印""古司马氏""万古同心之学""四明范氏图书记""范氏子受""昆仑山人""九如""范氏天一阁藏书",计印十颗。

对于藏书印,还必须注意识别其真伪,例如1951年11月宁波市文教局购入转赠天一阁的明刻清印本《周易传义》和《资治通鉴纲目》,书上均钤有"范氏天一阁珍藏"白文长方印,此印即书贾所伪作。

三、抄本风貌。天一阁建阁初期广抄书籍,故所有皆明抄本,多用当代棉纸,印蓝丝栏、朱丝栏和乌丝栏,版心无天一阁字样,行格大小不一,抄手不一,书法不甚精,但不拘谨,比较典型的抄本如《三才广志》,全书一千一百八十四卷,数量之多,可见当时耗资费力之大。凡访归的明抄本,均可与现存天一阁抄本核对行格与笔迹。

此外,天一阁也曾收藏过一些故家散出的抄本,例如《隆平集》卷首有"董氏万卷堂"印,《征南录》卷末有"姑苏方山"印。凡此类书籍,可与文献著录相印证。

四、外部形态。包括书籍装帧形式和书根题名特征。我国古籍用线装,大约推广于明代晚期。天一阁藏书多为天启以前旧本,所以用包背装的多,线装的很少。封皮蓝色或棕色,装帧古朴。又因古籍都是平放排架,所以为便于检索,往往在书根上题写书名及册次。天一阁藏书书根题名格式多种多样,最常见的有两种。一种是根据书名和册次的字数,等距离自右至左书写,如地方志、政书类书籍大都如此。另一种是在书根右下角直行题写,三四行不等,如科举录均如此,这些书都是每部一册,故不题册次。书写的字体在欧柳之间,挺拔秀丽。清代续增的书籍上无此类题名,可以推断,大约是在早期的一次藏书整理编目时顺便写上去的。

以上仅对天一阁藏书外部形态的一般情况而言,说天一阁藏书多包背装,当然不是说凡包背装的书就是天一阁原藏,说天一阁藏书书根等距离题名,也并不是说凡书根等距离题名的都是天一阁原藏。自然还须核对笔迹,通过查存等办法来加以证实。外部形态又是可变的,天长日久,包背装书籍的封皮容易脱落;破损书籍经过修补,书根题名会模糊不清,有的甚至会被磨掉,何况散出之书,几经易主,难免改装。所以,重视事物的外部形态特征,可作为识别事物的一种方法,而不能只凭表面现象作出草率的判断。

天一阁工作人员时常接触天一阁藏书,头脑里储存信息多了,并且经过思考整理,就会形成符合客观实际的概念。赵万里先生曾于1933年登阁编目,访书时又常常遇到天一阁散出书,因而他在《重整范氏天一阁藏书纪略》中说:"天一阁的书很少有印记的,可是无论它改了装,我也能认得这本书是不是天一阁的故物。"

（四）归书十例

一、《周易要义》

（宋）魏了翁撰，明蓝格抄本。全书十卷，访得六卷，存卷一中下，卷二，卷七至十，计二册。每册首钤"天一阁"朱文长方印。

魏了翁撰各经要义，共有九种，流传颇少。《周易要义》进呈四库馆后，乾隆三十九年（1774），弘历在书上题五言古风一章，称此书"释文考陆氏，兼引马郑王，简以得其要，约而颇致详。彝尊尚勿知，希宝诚吉光"。又说"四库广搜罗，懋柱出珍藏"。但《四库全书》系据副都御史黄登贤家藏本抄录。

此书卷首并乾隆题诗均佚。

二、《明武宗毅皇帝实录》

（明）徐光祚等纂修。明蓝格抄本。全书一百九十七卷，部分散出，解放初，阁内原存一百三十六卷。今又访得四十三卷，即卷五十九至九十五，卷一百零二至一百零七，计四册。访归书与原存书版本相同，书根题写字体及格式均相同。

天一阁多藏《明实录》。成祖、仁宗、宣宗、英宗、宪宗、孝宗、武宗、世宗、穆宗各实录都是明抄本。除此书外，均已散出。

三、《国朝诸臣奏议》

（宋）赵如愚编，宋淳祐十年（1250）刻、明正德公文皮纸背面印本。全书一百五十卷，部分散出，20世纪50年代初，阁内原存仅二十八卷。今又访得十五卷，即卷五十四至六十，卷六十七至七十四，计二册。

访归书与原存书版本相同，半页十一行，行二十三字，白口，版心上记字数，下列刻工名氏，双鱼尾，左右双栏。但访归书书根题字经后人装修后磨损。

四、《象山县志》

（明）毛德京、杨民彝等修，明嘉靖三十五年（1556）刻，隆庆五年（1571）增补本，海内孤本。全书十五卷，首毛德京序，卷一建置，卷二区域，卷三山川，卷四风物，卷五版籍，卷六学校，卷七礼秩，卷八兵卫，卷九官守，卷十至十一人物，卷十二至十三杂志，卷十四至十五艺文。计二册，每册首钤有"范氏天一阁藏书"朱文方印。

象山县今属浙江宁波市。毛德京序："邑旧有志，芜废已久，事迹罔稽，欲览无由也。"这是现存最早的象山县志。

五、《茶陵州志》

（明）张治纂修，明嘉靖四年（1525）刻本，海内孤本。全书二卷，首夏良胜序，张治序，卷上郡谱、分野、城池、坊市、山川、风俗、食货、民赋、物产、公署、惠政、关梁、水利、祀典、古迹；卷下学校、武备、官守、选举、循良、人物、列女、艺文、寺观、传疑、杂志；卷末龙大有后序。计二册，每册首钤"范氏天一阁藏书"朱文方印。

茶陵州即今湖南茶陵县，明时不领县。张治序云："茶陵志元以前无存刻也，正统始刻之，治见其晦弗昭焉，乱弗统焉，芜秽弗根焉，遗弗备焉，渐散失焉，寂欲隳焉。太常夏公出补茶，以责之治，治于是取而笔削之，作上下二卷，为目二十有六，凡六万余言。"为现存最早的茶陵志。

六、《崇文总目》

（宋）王尧臣、欧阳修等撰。明蓝格抄本，海内孤本，也是现存最早的一个传本。全书六十六卷，卷三诗类原缺，故阮元编《天一阁书目》作六十五卷。计一册，首钤"天一阁"朱文长方印。

北宋崇文院为当时宫廷藏书处。《明史·艺文志》云："仁宗既新作崇文院，命翰林学士张观等编四库书，仿《开元四部录》为《崇文总目》，书凡三万六百六十九卷。"书目编成于庆历元年（1041），凡分易、书、诗、礼、乐、春秋、孝经、论语、小学、正史、编年、实录、杂史、伪史、职官、仪注、刑法、地理、氏族、岁时、传记、目录、儒家、道家、法家、名家、墨家、纵横家、杂家、农家、小说、兵家、类书、算术、艺术、医书、卜筮、天文占书、历数、五行、道书、释书、总集、别集、文史四十五类。虽未标明四部名称，但实际上还是按照经、史、子、集的顺序。原有解题，南宋初年改定时被删，天一阁抄本亦系简目，清乾隆间，钱大昕从天一阁抄得一部，认为"今所传者即绍兴中颁下诸州军搜访之本,有目无释,取其便于寻检耳"。[11]

七、《天心复要》

(明)鲍泰撰,明朱格抄本。全书不分卷,内容包括"讲岁历论""问岁差法""图款""节候序类"等篇。计三册,首册有翰林院大方印,又见《天一阁进呈书目》,知为天一阁进呈之书。《四库全书》列入天文算法类存目。曾归南通冯氏,每册钤有"南通冯氏景岫楼藏书"朱文长方印。1960年发现于北京市肆。

此书流传甚稀,国内除天一阁抄本外,仅南开大学图书馆藏有明弘治十一年(1498)香溪书屋抄本。

八、《三才广志》

(明)吴琬辑,明蓝格抄本。全书一千一百八十四卷,大部分散出,20世纪50年代初,阁内原存一百九十三卷,五十册。今访得九十一卷,二十五册。访归书与原存书版本相同,半页十三行,行二十字,四周单栏、版心刻书名,单鱼尾,下刻"卷之"二字,但不题卷第。明包背装,书根仅题册次,书内多缺卷少页,或衬以白页,盖俟补抄也。

此为明代私家纂辑的一部巨型类书,内容广博,保存了许多明代中期以前的文献资料,天一阁旧目谓"从稿本传抄者"。散出后,上海东方图书馆曾收得四百九十六卷,惜毁于战火。今上海图书馆入藏八卷,台湾"中央研究院历史语言研究所"藏三卷,余均下落不明。

此书未曾刊刻,传本极稀,除天一阁抄本外,北京图书馆藏有别一明抄残本,今存台湾"中央图书馆",见两馆善本书目。版式、卷次与天一阁抄本不同,半页十一行,行十八字,上下双栏;分天道、地理、人道三类,各类卷数自为起讫。

九、《天一阁集》

(明)范钦撰,明万历十九年(1591)天一阁刻本。全书三十二卷,卷首沈一贯序,卷一至十七诗,卷十八至三十二文,计六册。流传甚稀,阁内现存两部,北京图书馆亦藏一部。

沈一贯序云,范司马"若大匠执规矩以运斧斤,虽千百椎锥,而终不出方圆平直之外,故其文气安而语泽,思平而旨完,此所谓先进之彬彬哉。诗以汉魏为宗,而加大历一等,意所独到,自谓可方,陶、谢先生之大都若是矣"。

十、《顾氏文房小说》

(明)顾元庆辑,明嘉靖顾氏刻本。全书四十种,今访得首册四种,即崔豹《古今注》二卷,刘𬤇《隋唐佳话》三卷,牛僧孺《周秦行纪》一卷,颜真卿《南岳魏夫人传》一卷。计一册,首有范大冲"昆仑山人"印。

薛福成《重编天一阁见存书目》子部卷末著录:"顾氏文房小说九册,明顾元庆编,即旧目之杂书,原刻十册,旧缺首册。"据此可知，首册早在光绪十年（1884）前已散出。今首册已归，而其他九册则于光绪十年后散出。

（1）黄宗羲《天一阁藏书记》。
（2）（6）（9）缪荃孙《天一阁始末记》。
（3）（8）（10）赵万里《重整范氏天一阁藏书纪略》。
（4）李邺嗣《甬上耆旧诗》卷十七。
（5）薛福成《重编天一阁见存书目》。
（7）冯贞群《鄞范氏天一阁书目内编序》。
（11）钱大昕《十驾斋养新录》卷十四。

天一阁藏明代地方志述略

我国历史悠久，土地辽阔，有丰富的文化典籍。地方志就是我国古代特有的地区史地学著作。传世的《越绝书》，记载着东汉扬州部会稽、吴、丹阳三郡的山川、城郭、冢墓和纪传，约著于东汉建武二十八年（52），可称是我国现存最早的一部地方志。自两晋、南北朝以迄隋唐，修志不断，大多称某某"图经"，也有以"志""纪""录""乘""书""略"为名者，可惜现存完整者无几。到了宋元时期，由于政府的大力提倡，修志数量显著增加，记述范围也逐渐扩大，但现存仅数十部，以修于浙江、江苏两省为多。明代修志更盛，永乐十六年（1418），颁布了"纂修志书凡例"，嘉靖初年，又诏修志书，因此原来修志很少或未曾修志的边远地区也开始了修志，方志数量激增，现存有八百余种，在我国古代史籍中占有重要的地位。

（一）现藏明代方志概况

天一阁是收藏明代地方志最多的单位之一。

天一阁创办人范钦，长期在湖北、江西、陕西、河南、福建、云南、广西等地任地方官。他的爱好与经历，使他具备了大量收集明代地方志的主客观条件。经笔者考查，天一阁原藏省、府、州、县志四百三十五种，比《明史·艺文志》著录的还要多。但是在旧社会漫长的岁月里，藏书多次遭到官吏侵吞和坏人盗窃，地方志至1949年时仅存二百六十六种。近年来又访得原藏本嘉靖《象山县志》《茶陵州志》二种，以及正德《德安府志》、成化《处州府志》，嘉靖《彰德府志》的残本，并依据天一阁旧目补藏了正德《姑苏志》、嘉靖《山东通志》《宁波府志》的原刻本，共存二百七十一种，保存了许多罕见的地方文献资料。

天一阁现存明代方志中，有一百六十四种在《中国地方志联合目录》和《台湾公藏方志联合目录》中为仅见之本，可称海内孤本。如河北的正德《赵州志》、嘉靖《雄乘》，山东的正德《莘县志》、嘉靖《宁海州志》、万历《兖州府志》，江苏的嘉靖《沛县志》、隆庆《海州志》、万历《江浦县志》，浙江的嘉靖《安吉州志》《象山县志》，安徽的成化《颍州志》、嘉靖《宁国县志》、万历《太平县志》，江西的弘治《抚州府志》、正德《南康府志》、嘉靖《瑞金县志》，福建的景泰《建阳县志》、嘉靖《延平府志》，河南的正德《汝州志》、嘉靖《许州志》《兰阳县志》，湖北的弘治《黄州府志》、正德《德安府志》、嘉靖《归州志》，湖南的弘治《岳州府志》、嘉靖《常德府志》、万历《郴州志》，广东的正德《琼台志》、嘉靖《广州志》《增城县志》，四川的正德《蓬州志》、嘉靖《马湖府志》、万历《营山县志》，等等。此外，还有宁夏、陕西、贵州、云南、广西等明代沿边僻省的一些地方志书，除天一阁外，早已散佚无存。孤本中除刻本之外，还有一些明抄本，如弘治《偃师县志》、正德《新乡县志》、嘉靖《钧州志》《涉县志》《长泰县志》《仁化县志》等都是在当时得不到刻本的情况下用蓝格棉纸抄录的。嘉靖《翁源县志》卷末题记云，此志因纂修《广东通志》的需要而纂辑，"一样二本，一本附学立案，一本附县立案"，可知当时尚未梓行。这些抄本，今天尤为珍贵。

天一阁现藏的明代地方志，纂修于嘉靖年间的有一百八十五种，约占总数的百分之七十；修于嘉靖以前者五十五种（最早的是永乐《乐清县志》和景泰《建阳县志》）；修于嘉靖以后者三十一种（最迟的是崇祯《吴县志》）。由于明代以前旧志的失传，有一百七十二种已成了各地纂修的方志中现存最早的志书。

明代地方志也是天一阁藏书中保存得最完好的一批书。虽然经历了四百多年，但大部分仍纸墨精湛，触手如新，一般作包背装，也有蝴蝶装和线装的，保持着明代书籍的装帧形式，展卷悦目，令人爱不忍释。1914年以后，书上通常钤有"范氏天一阁藏书"朱文方印。至于范钦和他长子范大冲的其他印章,在地方志书上极少钤印。(据阮元编《天一阁书目》著录,仅嘉靖《海门县志》和隆庆《铜梁县志》上各钤有"天一阁""古司马氏"二印章。)书根上往往自右至左等距离题写书名及册次,字近欧体,挺拔秀丽。至今,印章和题字便成了我们鉴定天一阁散存图书的重要依据。

（二）散出方志的流传

明清以来，天一阁多次编印过书目，反映出各个时期藏书的变动情况。我们从现存的十种旧目中可以看出，自建阁初至清康熙年间的一百多年中，书籍略有增减，散出不多。清乾隆以后藏书始大批散出，尤其是鸦片战争以来，宁波地处沿海，战乱不断，范氏后人无力管理，书籍大量失窃。散出后，有的厄于兵火，有的甚至被当作废纸，转卖到奉化棠岙纸厂作造纸原料。清缪荃孙在《天一阁始末记》一文中说，道光庚子，英军攻破宁波，帝国主义者登阁周视，掠取《明一统志》及一些地方志书而去。清徐时栋在《烟屿楼笔记》中记载，有个奉化人，在乱后出数千金购买天一阁散出书，别为屋藏之，于同治二年（1863）十一月遭火灾，书屋全毁。许多珍本书籍散佚无存，令人十分痛惜。

天一阁散出的明代地方志，不少为各地藏书家所收藏，见于记载的有仪征吴引孙《扬州吴氏测海楼藏书目录》，吴兴张石铭《适园藏书志》，蒋汝藻《传书堂书目》，刘承干《嘉业堂明善本书目》，许博明《怀莘斋书目》，宁波李庆城《萱荫楼藏书目录》等。以后这些私家藏书又辗转流散，天一阁散出的明方志多归各大公共图书馆，兹考录于后。

一、前上海东方图书馆收得十五部（见《涵芬楼所收蒋氏密韵楼藏书目录》，及1934年2月3日《大公报》载赵万里《重整范氏天一阁藏书纪略》）。1932年"一·二八"战役时，不幸被日机轰炸焚毁。

《蒲州志》三卷　嘉靖三十八年边像纂修

《兰州志》三卷　正德七年唐时和纂修

《邹平县志》四卷　嘉靖十二年叶林纂修

《陵县志》八卷　嘉靖三十二年谷兰宗纂修

《嘉祥县志》六卷　成化二十二年周诏纂修

《莱州府志》八卷　嘉靖十四年毛纪纂修

《金陵古今图考》一卷　正德十一年陈沂纂修

《维扬志》三十八卷存一册　嘉靖二十一年盛仪等纂修

《仙游县志》八卷　嘉靖十七年林有年纂修

《武平县志》六卷　嘉靖十四年徐甫宰纂修

《漳浦县志》十二卷　嘉靖九年林梅纂修

《河南通志》四十五卷　嘉靖三十四年邹守愚等纂修

《随志》二卷　嘉靖十八年颜木纂修

《铜梁县志》四卷　隆庆六年高启愚纂修

《贵州通志》十二卷　嘉靖三十四年张道、谢东山纂修

二、前北平图书馆收得三十五部（见1930年至1931年《北平图书馆馆刊》及《北平图书馆图书展览会目录》），全面抗战前夕移存美国国会图书馆，今存台湾省。前中央图书馆收得八部，前北京人文科学研究所收得三部，今均存台湾省。共

计在台湾者四十六部，见《台湾公藏方志联合目录》和台湾《中央图书馆善本书目》1967年增订本。

《真定府志》三十三卷　嘉靖二十八年唐臣、雷礼纂修

《清河县志》四卷，《续录》一卷　嘉靖三十年孟仲遴纂修

《滦志》五卷存一卷　嘉靖二十六年陈士元纂修

《山西通志》十七卷　成化十年李侃、胡谧纂修

《全辽志》六卷　嘉靖四十五年李辅、陈绛等纂修

《陕西通志》四十卷　嘉靖二十一年赵廷瑞等纂修

《三原县志》十六卷　成化十七年朱昱纂修，弘治十七年林洪博重订

《渭南县志》十八卷　嘉靖二十年辛万钧、南大吉纂修

《醴泉县志》四卷　嘉靖十四年刘佐、夹璋纂修

《汉中府志》十卷　嘉靖二十三年赵于南、张良知纂修

《凤翔府志》八卷存五卷　正德十六年王江、王正纂修

《固原州志》二卷　嘉靖十一年杨经纂修

《山东通志》四十卷　嘉靖十二年陆钶纂修

《邹县志》四卷　嘉靖四年戴光、谢秉秀纂修

《冠县志》五卷　嘉靖二十四年姚本纂修

《高唐州志》七卷　嘉靖三十二年胡民表、金江纂修

《朝城县志》八卷　嘉靖二十年谢注纂修

《清河县志》四卷　嘉靖四十四年吴宗吉等纂修

《徐州志》十二卷　嘉靖间梅守德、任子龙纂修

《安吉州志》八卷　嘉靖三十六年江一麟纂修

《崇义县志》不分卷　嘉靖三十二年王廷耀、郑侨纂修

《漳州府志》三十四卷　正德八年周瑛纂修

《漳州府志》三十三卷　万历元年罗青霄纂修

《龙岩县志》二卷　嘉靖三十七年汤相、莫亢纂修

《中牟县志》七卷　正德十年韩思忠纂修

《临颍县志》八卷　嘉靖八年卢镗、杜枬纂修

《荥阳县志》二卷　嘉靖间纂修，不著纂修人名氏

《汜水县志》六卷　嘉靖三十三年萧佩纂修

《灵宝县志》二卷存一卷　嘉靖十四年荀汝安纂修

《睢州志》九卷　弘治十八年李孟旸纂修

《柘城县志》十卷　嘉靖三十三年寿濂纂修

《裕州志》六卷　嘉靖间牛孟耕纂修

《叶县志》四卷　嘉靖二十一年牛凤纂修

《淇县志》十卷　嘉靖十年方员、刘钜纂修

《怀庆府志》十二卷　正德十三年何瑭纂修

《浚县志》二卷　嘉靖八年王璜纂修

《沣州志》六卷存一卷　嘉靖四十一年水之文等纂修

《安化县志》六卷　嘉靖二十三年陈德宁、方清纂修

《永州府志》十七卷　隆庆四年姚宏谟、史朝富纂修

《新化县志》十一卷　嘉靖二十八年刘轩、佘杰纂修

《韶州府志》十卷　嘉靖二十一年符锡、秦志道等纂修

《西宁县志》十卷　万历间朱润、林致礼纂修

《四川总志》二十七卷　万历四十七年杜应芳等纂修

《顺德县志》十卷　万历十三年叶初春、叶春及纂修

《保宁府志》十四卷　嘉靖二十二年杨思震纂修

《延安府志》八卷　弘治十七年王彦奇、杨怀纂修

三、20世纪50年代后，北京图书馆访得二十部。

《雍大记》三十六卷　嘉靖元年何景明纂修

《博平县志》八卷　正德十二年胡瑾、邓恭等纂修

《浙江通志》七十二卷　嘉靖四十年胡宗宪、薛应旗纂修

《宁波府志》四十二卷　嘉靖三十九年周希哲、张时彻纂修

《建平县志》九卷存五卷　嘉靖十年连矿、姚文烨纂修

《太平县志》十卷存六卷　万历八年张廷榜纂修

《江西通志》三十七卷　嘉靖四年林庭㭿纂修

《婺源县志》六卷存三卷　嘉靖十九年冯炫纂修

《吉安府志》十九卷存十二卷　嘉靖间王昂纂修

《雩都县志》二卷　嘉靖二十五年许来学、袁琚纂修

《八闽通志》八十七卷　弘治三年陈道、黄仲昭纂修

《福州府志》四十卷　正德十五年叶溥、张孟敬纂修

《延津县志》一卷　嘉靖间张宗仁纂修

《长葛县志》六卷存三卷　正德十二年李璇、车明理纂修

《河南郡志》四十五卷存十六卷　弘治十二年陈宣等纂修

《蕲水县志》四卷　嘉靖二十六年萧璞等纂修

《长沙府志》六卷存一卷　嘉靖十二年潘镒、张治纂修

《大埔县志》九卷　嘉靖三十六年陈尧道、吴思立纂修

《广西通志》六十卷　嘉靖十年林富、黄佐纂修

《四川总志》八十卷　嘉靖二十年王元正等纂修

四、上海图书馆也访得二十四部。

《略阳县志》六卷存二卷　嘉靖三十一年李遇春、贾言等纂修

《山东通志》四十卷存三十七卷　嘉靖十二年陆钺纂修

《恩县志》九卷　嘉靖十六年杜永昌、张季霖纂修

《严州府志》二十二卷存二卷　弘治六年李德恢纂修

《安吉州志》十六卷存四卷　嘉靖十三年伍余福纂修

《德清县志》十卷　嘉靖间郝成性、陈霆纂修

《绍兴府志》五十卷存三卷　万历十四年孙铲等纂修

《山阴县志》十二卷　嘉靖二十二年许东望等纂修

《新昌县志》十三卷存五卷　万历七年田琯纂修

《金华府志》二十卷　成化十六年周宗智纂修

《处州府志》十八卷存二卷　成化二十二年郭忠等纂修

《铜陵县志》八卷存一卷　嘉靖四十二年李士元、沈梅纂修

《宁国府志》十卷存三卷　嘉靖十五年黎晨、李默纂修

《袁州府志》二十卷存六卷　嘉靖二十五年严嵩纂修

《尤溪县志》七卷存四卷　嘉靖六年李文衮、田顼纂修

《永春县志》九卷存二卷　嘉靖五年柴镖、林希元纂修

《杞县志》八卷存四卷　嘉靖二十五年蔡时雍等纂修

《吉安府志》十九卷存二卷　嘉靖间王昂纂修

《长葛县志》六卷存三卷　正德十二年李璇、车明理纂修

《郑州志》六卷　嘉靖三十一年徐恕、王继洛纂修

《光山县志》九卷　嘉靖三十五年王家士、沈绍庆纂修

《黄州府志》十卷存五卷　弘治十三年卢希哲纂修、

《襄阳府志》二十卷　正德十一年聂贤、曹璘纂修

《广东通志》七十卷存四卷　嘉靖三十七年黄佐纂修

上列方志，除弘治《睢州志》、嘉靖《随志》《荥阳县志》《汜水县志》《柘城县志》《延津县志》这六种是明蓝格抄本外，其余都是明刻本。凡有重见者，均系复本。有的残本往往半存阁内，半在阁外。此外都下落不明。有五十余种在目前国内外主要方志目录中都不见著录，可能已经失传了。

（三）方志的特征与作用

地方志与一般史地学著作不同，它具有记述的广泛性、地方性、连续性诸特征。明代永乐以后官修的志书，记述范围一般均遵永乐十六年（1418）颁布的修志凡例，各地根据地方特点，修志时增设类目，有所侧重。如万历《广平县志》设《人民志》，正德《大同府志》别立"烽堠"一门，嘉靖《宁州志》有"阴阳医学"一目，嘉靖《增城县志》卷十九为"大事通志"，这些都是明代方志中所少见的。

天一阁目前收藏的嘉靖《雄乘》《吴邑志》《昆山县志》、万历《黄岩县志》均详载治水文献。

隆庆《赵州志》记隋代安济桥，嘉靖《寿州志》记淮南第一桥，均是有关我国桥梁工程的历史资料。

嘉靖《许州志》有"戎匠"一目，列有十余种匠人的名称，隆庆《临江府志》有匠人统计数字，涉及的匠人名称有数十种之多，是了解我国手工业发展的有用资料。

嘉靖《鲁山县志》《邓州志》《临朐县志》记载了当地的矿藏情况，万历《郴州志》卷十一"坑冶"一节，记述了宋明两代矿民的斗争和禁闭矿场的经过。

嘉靖《延平府志》《东乡县志》记述农民起义的经过颇详。

嘉靖《惠州府志》《太平县志》记述了少数民族的风俗

习惯以及有关起义事件。

隆庆《潮阳县志》记载了不少当时广东沿海人民的英勇抗倭事迹以及海上贸易的情况。

嘉靖《鄢陵志》记载了嘉靖年间该地大地震的情况。

嘉靖《钦州志》"山川"一节中对当地的潮汐情况有详尽的叙述。

弘治《宁夏新志》记述明代边疆军事制度、政治制度以及当地军民生活情况。

嘉靖《浦江志略》卷三"册籍"一节中收录了明洪武至嘉靖年间浦江县所造的各种文册,有助于了解明代地方官署在田赋、徭役、军民、户籍等方面的管理措施。

嘉靖《建阳县志》详记了书市情况和书坊书目,是研究明代印刷史的难得资料。

然而,人们对于地方志史料价值的认识是有一个过程的。旧日文人斥之为"下邑陋志",以为微不足道。近代以来,学者们在"古为今用"方针的指导下,透过浮文偏见,发现蕴藏在地方志里面的资料非常丰富,有关于农民、矿民起义的史料,江河水利、物产矿藏等自然资源的记载,政制沿革、贡赋徭役、科举、学校、民族发展、风俗习惯、人物传记、艺文著作等古代政治、经济、社会、文化史料,以及天文、地质、地震、旱涝、气候、潮汐等自然科学史资料。因此地方志受到了应有的重视,被称为"地方性百科全书"。

以前,天一阁收藏的明代地方志很少受人注意,连著名学者、进步思想家黄宗羲于康熙十二年(1673)登阁编目时,也把地方志与"时人之集、三式之书"一样弃之不录。1914年,天一阁藏书大量遭窃,过了十多年,杨铁夫重编《宁波范氏天一阁图书目录》,他在序文中说:"最完善者为地方志一类,百存九十五分以上,不知地理与他书异,他书宜古,地理宜今,明代志书以之考古则有余,以之征今则不足,因为不合时宜之品,其全也固宜。"他不了解明代地方志承前启后的重要作用,以为是"不合时宜之品",所以不被盗贼所注目,才保存得这么完整。他的话也反映了一部分人对明代地方志的偏见。

明代志书一般由地方官吏所纂修,纂修者自然是为巩固封建统治服务的。然而它保存的许多有历史价值的资料,却有着不可忽视的利用价值。山西、安徽、湖北、浙江、河南等省地震局,国家地震局地质大队,兰州地震研究所等单位,从天一阁收藏的明代地方志中辑录了大量历史地震资料。河南省水利局从嘉靖《太康县志》等十六部方志中找到四百多条历史旱涝资料。水利电力部华东勘测设计院从浙江、福建、江西三省的方志中辑录了不少洪旱灾害资料。江苏农学院查阅了方志中有关畜牧文献。杭州大学数学系从方志记载的"桥梁"等类目中发掘出蕴藏在里面的数学史资料。上海博物馆和江西景德镇陶瓷研究所先后从正德《瑞州府志》等志书中查到了有关瓷器发展史资料。山东师院从嘉靖《兖州府志》、弘治《温州府志》中查核了有关文史资料。自从全国掀起"盛世修志"的热潮以来,历代旧志更成为纂修新志所不可缺少的材料。

为了便于地方志的"古为今用",天一阁管理部门除了千方百计访归散存在民间的原藏本,做好配残补缺工作外,还配合各地科研单位和图书馆,通过各种复制手段广泛传播这批资料。1961年至1965年,影印出版了《天一阁藏明代地方志选刊》一百零七种,1989年开始,又陆续影印出版该书续编一百零九种,让这批珍贵的文献资料化身千百,更好地为中外读者服务。

天一阁藏明代科举录述略

科举制度是我国古代的一种教育考试制度。这种制度前后延续了一千三百年之久,对我国的政治、文化、社会生活各方面曾经产生过深远的影响。

在我国历史上,随着封建制度的逐步建立和巩固,奴隶制时代的"世卿"制度被废除了,代之以起的是汉朝的"察举"和"征辟",三国两晋南北朝时期的九品中正制。但是,这样的选官制度均重在平时考察和门第身份,当官的不必通过考试就可以直接被推举和任用。

隋朝建立以后,国家出现了统一的局面,为了进一步加强中央集权,扩大封建统治的阶级基础,隋文帝废除了九品中正制,隋炀帝设立"进士科",开始用考试的办法来选取人才。唐代有明经、明法、进士等科。这种开科取士的制度,可以满足中小地主参加政治的要求,因此得到许多知识分子的拥护,为以后各朝所沿用。但当时从科举入仕的人数还较少,科举制度也不严密,知贡官掌握了取士的全权。宋朝确立殿试制度,皇帝直接控制了科举。以后又放宽录取任用的范围,扩大了名额,严格考试程式,实行弥封、誊录的办法。明代科举制度更趋完备。

（一）从明代科举制度说到科举录的内涵

明代是科举制度的鼎盛时期。明太祖洪武四年（1371）即下诏："自今年八月始，特设科举，务取经明行修，博通古今，名实相称者。朕将亲策于廷，第其高下而仕之以官，使中外文臣皆由科举而进，非科举者毋得与官。"[1]自洪武十七年（1384）开始，又实行每三年举行一次科举考试的定制。从下而上分为院试、乡试、会试和殿试。

院试是初级考试。凡是童生，院试及格者称生员，在乡试前一年，再试诸生的优劣，以决定其是否参加乡试。

乡试定子、午、卯、酉年举行，名叫"大比"，考期总在秋季八月，所以又称"秋闱"。诸生及具有监生资格的人可以参加乡试，考中的称举人。

考生要在试卷上写明籍贯、年龄、所习本经、所司印记和三代人的名字，但不许自序门第。答卷用墨笔写，称墨卷，文字中要避御名、庙号。交卷后，誊写官把答卷内容用朱笔誊录，称为朱卷，均弥封编号。

考生在考试时的艰苦情形，天启甲子东乡举人艾南英在《应试文自序》中有详细记述。他说无论寒暑，诸生解衣露立，接受搜检，上穷发际，下至膝踵，至漏数箭而后毕。考场内，东西立了望军四名，诸生无敢仰视。四顾离立、倚语者，则朱

钤其牍，以越规论，文虽工，降一等。文章优劣只凭考试官之所好而定，虽宿学不能以无恐。⁽²⁾

乡试在顺天府（北京）、应天府（南京）及各省布政司衙门所在地举行。考试结束，便分别刊印乡试录。乡试录的格式比较统一，除前后序文外，内容包括四个方面：一、记载主持该科考试官员的官衔、姓名、籍贯、功名。他们的职务分为临监官、提调官、监试官、考试官、同考试官、印卷官、收掌试卷官、受卷官、弥封官、誊录官、对读官、巡绰官、搜检官、供给官等。二、记录三场考试的题目，第一场考《四书》《易》《书》《诗》《春秋》《礼记》。第二场考论、诏、诰、表、判语。第三场考策。三、中式举人名单，包括名次、姓名、籍贯、治何经典。四、乡试录文，如《隆庆四年江西乡试录》就选文二十一篇。明代文学家汤显祖为该科第八名举人，就收有他的两篇文章，文章前有同考试官和考试官的批语。

乡试的第二年，也就是每逢丑、未、辰、戌年，各省举人去京师会试，遇特殊情况，偶有改期，如"永乐元年癸未，当会试之期，适文皇帝渡江，用明年甲申会试"。[3]会试总是在春季二三月份举行，所以叫"春闱"。会试由礼部主持，故又称"礼闱"。考中的称贡士。考生在入场前照例要受到考场有关人员的搜查。三场考试的内容与乡试类同，只是题目的难度比乡试更大了。答卷的书写规则也与乡试一样。

会试结束，由礼部刊布会试录。会试录也称"小录"，其内容除前后序文外，也记载着：一、知贡举官、主文官、考试官、掌卷官、监试官、提调官、印卷官、受卷官、弥封官、誊录官、对读官、监门官、搜检官、巡绰官、供给官等职官官衔、姓名、籍贯、功名。皆由级别较高的京官充任。二、三场考试题目。第一场《易》《书》《诗》《春秋》《礼记》《四书》；第二场论、诏、诰、表、判语；第三场策问。三、中式举人名次、籍贯、所治经典。四、选录较杰出的文章，每题一至两篇，每篇文章前均有同考官和考试官的批语。

会试以后，接着各贡士参加殿试。殿试也有因故改期的。据《明史·选举志》记载："永乐七年己丑会试，中陈燧等九十五人。成祖方北征，皇太子令送国子监进学，俟车驾还京廷试。"九年（1411）始殿试。自永乐十三年（1415）乙未科始，把殿试地点改在北京。天顺七年（1463）二月试日，文场大火，"死者九十余人，俱赠进士出身，改期八月会试，明年甲申三月始廷试"。正德十五年庚辰（1520），"武宗南巡，未及廷试，次年世宗即位，五月御西角门策之"。

殿试由皇帝亲自主持，另派读卷大臣协助，只考一场策问。在明代，会试和殿试的录取名额除特殊情况稍有变动外，基本相等。所以，实际上会试是最高一级两种考试中带有关键性的考试，殿试仅是排定名次而已。

殿试结束，举行隆重的发榜仪式。礼部奏请命工部于国子监立石题名。殿试录取的称进士，分为三甲，一甲只取三名，赐进士及第，二甲若干人，赐进士出身，三甲若干人，赐同进士出身。中了进士就可以被派做官。

进士登科录也由礼部刊印，内容包括：一、玉音。有礼部尚书奏文及皇帝批示,记录发榜谢恩的仪礼,及总提调官、读卷官、监试官、掌卷官、受卷官、弥封官、对读官、搜检官、监门官、巡绰官、提调官、印卷官、供给官等的官衔和姓名。二、荣恩次第,即一、二、三甲的进士名单,记载较会试录详细。《洪武四年进士登科录》还记载所授官衔。三、皇帝制文。四、登科录文,收录一甲三名的策论文章。

明代科举考试录取的标准主要是看考生阐述经义的八股文章。《成化二十年会试录》彭华序云:"至于三年一大比,自乡举升于礼部,礼部举而进于大廷,惟经术焉。"八股文只能依照题义,揣摩古人语气,"代圣贤立言",绝对不许发挥自己的见解。文章的格式也有非常刻板的限制。科举考试时,其"贿买钻营,怀挟倩代,割卷传递,顶名冒籍,弊端百出,不可穷究,而关节为甚,事实暧昧,或快恩仇报复,盖亦有之。其他小小得失,无足道也"。[(4)]

明代科举取士,除文科外还有武科。武科的考期和考试方法变动较多。洪武二十年(1387)立武学,用武举。武臣子弟于各直省应试。成化十四年(1478),设武科乡、会试。弘治六年(1493),定武举六岁一行,十七年(1504)改定三年一试。

嘉靖间《武举条格》规定,初场较骑射,二场较步射,三场试策二道、论一道。试卷皆弥封编号,照文科例。[(5)]

武科考试文献有两种,一是武举乡试录,由各地刊布;二是武举录,由兵部刊布。

武举乡试录的内容,除前后序文外,载有:一、武举乡试条格。二、主持考试的职官姓名，有监临官、提调官、监试官、考试官、印卷官、受卷官、弥封官、誊录官、对读官、掌号官、巡绰官、记箭官、验箭官、报箭官、监门官、供给官。三、考试内容：第一场试马上箭，第二场试步下箭，第三场策论。四、武举中式名单。五、策论文选。

武举录的格式与武举乡试录差不多，包括前、后序文，武举条格，知武举官等职官名单，三场考试安排及策论试题，武举中式名单，策论文选。《武举条格》称："中式之人照依文举事例，梓其姓名，录其弓马策论之优者，装潢成帙，题曰武举录。"

（二）收藏明代科举录的历史和现状

我国历代科举考试的文献，明代保存得最完整，明以前各代已属寥寥，清代虽比明代晚、开科多，而所存也不及明代的五分之一。现存明代科举录的百分之八十收藏在天一阁，明代科举录的大量存世，不能不说是天一阁的一大功劳。

自明嘉靖末年建阁至清乾隆末年这两百多年中间，天一阁收藏明代科举录的情况未见著录。嘉庆十三年（1808）阮元编《天一阁书目》，才开始作了反映，但所见仅年号及册数而已。应天、四川、云南、贵州等地乡试录均失载。据不完全统计，有进士登科录六十八册，会试录六十二册，乡试录二百九十七册，武举录三十三册，共计四百六十册。

鸦片战争和太平天国革命战争期间，天一阁藏书屡遭窃劫。科举录也不例外。清光绪十年（1884）薛福成《重编天一阁见存书目》著录进士登科录五十三种，会试录四十九种（此外，万历十三年（1585）以后的几种进士履历便览误作会试录），乡试录三百五十五种，武举录八种，武乡试录十六种，共计四百八十一种。因阮目记录不全，无法与之比较。不知道自嘉庆十三年（1808）以来的七十多年间散出的确切数量。

民国三年（1914），天一阁藏书再次大量被窃。二十九年（1940），冯贞群编《鄞范氏天一阁书目内编》，著录劫余的进士登科录四十一种,会试录三十八种,乡试录二百七十二种,武举录十一种,武乡试录八种,合计三百七十种。此外尚有重复本四十部。

冯目与薛目互相比对,发现薛目失收进士登科录两种,会试录两种,乡试录十六种,武举录六种,武乡试录一种,共计二十七种。就是说,在光绪十年(1884)时,天一阁收藏的科举录尚有薛目记载的四百八十一种,加上失收的二十七种,共计五百零八种。在以后的五十六年间,散失竟达一百三十八种之多。

抗日战争期间,日本侵略军曾登阁虎视,幸而书籍转移到了龙泉山中,未遭抢掠。冯目以后又经历了四十余年,至今这批科举录仍完好无损。

天一阁收藏了如此众多的明代科举录,这与藏书楼主人范钦所具备的主客观条件有着密切的关系。他本人是嘉靖十一年(1532)进士,还做过嘉靖三十一年(1552)福建乡试的监试官。掌握这些具有人事档案性质的资料,了解这方面的动态,也是范钦政治活动所需要的。晚年时,他还利用洪武四年(1371)至万历七年(1579)的科举录,编写《贡举录》一书,他的手稿至今尚保存在天一阁里。

明代共开八十九科,天一阁藏有首科洪武四年(1371)的会试录和进士登科录,又收藏过极为罕见的建文二年(1400)会试录和进士登科录。自宣德五年(1430)起,经正统、景泰、天顺、成化、弘治、正德、嘉靖、隆庆至万历十一年(1583)止,连续五十二科的会试录和进士登科录均一科不缺。宣德五年

（1430）前仅缺十种，如果考虑到嘉庆以前两百多年间藏书的散佚因素，那么可以推断，天一阁收藏万历十一年（1583）以前的明代会试录和进士登科录基本上是完整的。

万历十四年（1586）丙戌科以后全部缺藏，这也与范钦的生活年代有着直接的关系。因为范钦卒于万历十三年（1585）。此后范氏后人失去了必要的条件，只能陆续收集到万历十四年（1586）至崇祯十三年（1640）的十种进士履历便览。

我们常说的科举录，一般不包括后人编录的进士履历便览、某科同年录、某地进士名录等。进士履历便览是坊刻本，行格字数不等，印刷模糊。崇祯四年（1631）和七年（1634）进士履历便览上刻有"致泽斋田铺刻印"的牌记，前后无序文，除记载主持该科考试的总裁及同考各房职官名单外，主要是分省、府记录各进士的履历，里面也保存着一部分史料。如《嘉靖十一年进士同年序齿录》第六十七页载："范钦，字尧卿，治书经，丙寅年九月十九日生，鄞县人，观礼部政，授湖广随州知州，升工部员外郎郎中，升知府，历按察布政司，升都察院右副都御史，巡抚南赣汀漳等处地方，升北京兵部右侍郎，致仕。号东明，戊子乡试七十名，会试一百七十八名，廷试二甲三十八名。曾祖晁。祖沂，训导。父璧，母王氏。兄镛，弟钩、镐（知县）、钜（训导）、鎏、镜、钫。子大冲（光禄署丞）、大潜（监生）。"该书编成于万历三十三年（1605），为现存最早记载天一阁主人范钦生平的较详资料。

我们考察了天一阁现藏的科举录，发现它有如下几个特征。

一、几乎每种书的书根右下方题写书名，书名多简化,"年"字有的写有的不写,乡试录只写"乡试",有的甚至"乡试"两字也不写,不十分严格。但都是自右至左直写,二行至四行不等,字体挺秀,似出自一人手笔。从万历十三年(1585)以后的进士履历便览书根无题字这一点来分析,书根题字的时间可能较早。这一特征成了天一阁散存科举录的一个鉴定依据。如上海图书馆今藏《永乐九年进士登科录》及《永乐十三年会试录》,书根上都有这样的题名,一看便知道这两种书是天一阁散出的原藏本。

二、部分书上钤盖藏书章,盖"天一阁"朱文长方印的有三十四部,盖"司勋大夫"朱文方印的有三部,盖"范"朱文圆印的四部,盖"四明范氏图书记"朱文长方印的有两部。天一阁的藏书印章较多,但盖在书上的不多,可能在散出的其他科举录上还盖有别的印章,一旦发现,可与天一阁藏书印谱对照。鉴定时要仔细识别。

三、大多是白棉纸印黑口本,并保持着明代装帧的形式,一般是蓝色封面的包背装,有的封皮脱落,露出纸钉,但很少散页。此外,《万历八年会试录》《万历元年四川乡试录》《嘉靖十九年湖广乡试录》《万历八年武举录》均为蝴蝶装。乡试录的版式基本相同,因刊于各省,所以纸张及装订大小并不相同。如《嘉靖三十一年陕西乡试录》,纸质特厚,开本特大。

四、少数科举录是明抄本,现存的有《宣德八年会试录》《永乐十八年浙江乡闱小录》《成化七年浙江乡试录》《成化十九年浙江乡试录》《永乐十二年福建乡试录》《宣德元年福建乡试录》《景泰四年福建乡试录》共七种。其中除会试录一种是蓝丝栏抄本外,均为乌丝栏抄本。显然,这些抄本是在当时得不到刻本的情况下请人抄录的。

有人认为"天一阁同样收集得十分完备的历朝考试文献……这种登科录的板片就存在礼部衙门里,同样可以请求全套刷印,而且手续并不十分困难"。⁽⁶⁾我们在分析了上述情况后,却得出相反的结论。首先,天一阁收得的历朝考试文献并不"十分完备",万历十三年(1585)以后的几科都缺藏。其次,各地乡试录的板片不在礼部衙门里,当年藏书家收集这类资料并非易事。嘉靖中,锡山俞宪辑《皇明进士登科考》序里说:"各科有缺略,不能衔接,或谓四明范氏藏录最多,盍就询之。辗转乞假,果得补全。"[7]可知明代科举录,在当代已属罕见。

天一阁藏科举录的大量散出是在1914年,被窃书籍均散售于上海书肆。事发后,范氏后人涉讼经年,无法追回。次年范钦十一世孙范玉森在《嘉靖十一年进士登科录》衬页上题识云:"先司马东明府君举嘉靖戊子浙江乡试,迄壬辰举进士。乡试录、登科录敬藏天一阁,自明迄今四百年矣。去岁夏,阁书失窃,销售于沪上各书肆,好古家争购之。逮裔孙至杭,至沪,控追已不及,以致全书一无返璧,曷胜叹憾。邑中张让三先生,先君子旧好也,今夏从上海友人处得此两录,暨先礼部潞公府君手抄诗稿,交小子还藏阁中……"当时访得归阁的科举录,仅此两种而已。

天一阁散出书以吴兴蒋氏收得最多。蒋氏书散,整批明别集流归北平图书馆。登科录及明季史料流归上海商务印书馆,放在涵芬楼里。涵芬楼的创建人张元济先生非常重视这

天一阁藏明代科举录述略

些科举考试文献,他在《嘉靖二年会试录》跋文中说:"郑端简为吾邑闻人……公举嘉靖元年浙江乡试第一人。天一阁藏书散出,余收得是年乡试题名录,公褎然举其首,次年联捷进士,余又收得是册。是虽不能与绍兴十八年(1148)同年小录、宝祐四年(1256)登科录等观,而自吾邑视之,则不能不谓物以人重。且两录并存,尤为罕有,征文考献,洵足珍已。"《涵芬楼所藏蒋氏密韵楼藏书目》所载明代科举录有七十五种之多,其中如成化十四年、弘治三年、弘治九年、嘉靖五年、嘉靖十七年的会试录,弘治九年、嘉靖五年、嘉靖十七年的进士登科录,弘治十五年、弘治十七年的湖广乡试录,均为天一阁散出之本,不幸于1932年"一·二八"毁于战火。

此外,一些公共图书馆和江、浙两省藏书家多收集到天一阁散出之本。著名的明抄本建文二年会试录和进士登科录为北平国书馆所得(今存台湾)。

目前天一阁尚存明代科举录三百七十种,其中百分之九十以上是海内孤本。这批科举录不但是研究科举制度的实物例证,而且也是一种最直接的人物传记史料。赵万里先生曾说:"记得嘉庆间,法梧门在翰林院里得到了顺治进士三代履历三册,上面有王士禛兄弟的履历,一时翰苑诸彦题字的题字,考据的考据,忙得不亦乐乎,后来传为佳话,如以天一阁所藏相比,真是小巫见大巫,法梧门辈太可笑了。"[8]

明代科举录除天一阁所藏外,以北京图书馆为最多。据《中国古籍善本书目(征求意见稿)》记载,各图书馆尚存进士登科录十四种,会试录十五种,乡试录三十五种,武乡试录一种,共六十五种。又据台湾《中央图书馆善本书目》记载,除北图存台的三十六种之外,该馆藏有明代进士登科录八种,会试录七种,乡试录七种,武举录一种,共二十三种。此外,台湾中央研究院历史语言研究所和某些藏家可能有零星收藏,因未见书目,只好日后待查。

这样,已知存世的明代科举录有四百五十七种,其中进士登科录五十六种,会试录五十四种,乡试录三百二十四种,武举录十三种,武乡试录十种。

不过,长期以来,天一阁所藏明代科举录置之高阁,未得应有的重视。近年稍稍引起学者们的注意,无论研究历史,编录文集,或纂修方志,人们开始涉猎其中,进行探索。1979年,上海古籍出版社出版了《明清进士题名碑录索引》,读者称便,美中不足的是,该书出版前未曾利用大量明代会试录和进士登科录,来校正《明清进士题名碑录》一书原有的错误。再说,在明代通过科举考试参加上层社会活动的人数远不止此,如果以天一阁现存乡试录为基础,汇集各馆所藏,参以各地方志等资料,编集一部《明代举人名录》,这无疑会给学术研究工作者带来更大的便利。

(1)(4)《明史》卷七十。
(2)艾南英:《天佣子文集》。
(3)李濂:《国朝河南进士名录》。
(5)《嘉靖二十三年武举录》:武举条格。
(6)黄裳:《天一阁被窃书目前记》。
(7)(8)赵万里:《重整范氏天一阁藏书纪略》。

天一阁藏家谱概述

（一）家谱的文献价值

家谱记载了一姓一族的世系和著名人物事迹，是一姓一族的历史书。古代学者很重视家谱的纂修，明郑满《宗谱序》说："国有史，郡县有志，家有谱，一也。"把国史、方志、家谱看得同样重要。谱学的发展也有两千多年的历史，它属于史学的范畴。所以，清康熙年间抄本《天一阁书目》把家谱编入列传类，年谱与家谱并列，著录了《曾氏家乘》《姚氏家乘》《王毅斋家乘》等数种，同其他书籍一样被珍藏起来。

家谱的内涵十分丰富，是我们研究当时的社会结构、经济制度、人口迁徙、民族发展、民情风俗、人物传记、地方艺文等的很好资料，具有重要的历史文献价值，亟待我们去收集、发掘和整理。事实上，我们在进行图书文物工作时，如查考著者生平、编撰名人年谱、鉴定古籍版本、断定古建筑年代等，已经使用了有关家谱所记载的资料。此外，从宁波的实际情况看，家谱对于促进我们当前的工作，还有其特殊作用。宁波市是对外开放的沿海港口城市，海外侨胞多，他们中的许多人热爱祖国，关心家乡建设。我们可以利用家谱来帮助他们寻"根"，增进他们与家乡人民的感情。为世界船王包玉刚先生提供包氏家谱的事，便是生动的一例。1984年10月30日下午，包先生一行参观了天一阁，当我们拿出镇海《横河堰包氏家谱》时，他从座位上站了起来。家谱中记有他们夫妇二人的生日，包玉刚诸兄弟还是北宋龙图阁大学士包拯的二十九代后裔。人们热烈鼓掌，纷纷向包先生祝贺说："你可找到自己的根了。"新华社专门发了电讯，香港许多报纸也作了报道。消息传开，万氏、陈氏等侨胞均先后要求查阅自己的家谱。

谱牒的盛衰与封建政治制度及经济制度相联系。家自为谱始于汉，至唐宋而极盛。汉刘歆《七略》引扬子云家牒，知为甘露二年（257）生。《唐书·艺文志》史部把谱牒别为一门，可知当时谱牒数量之多。但是，由于历史的变迁，宋以前的家谱大都已经亡佚。天一阁藏明刊本苏洵的《苏氏谱》一卷，可说是现存较早的家谱。宋代欧阳修和苏洵的修谱方法简明扼要，对后世影响较大，成为明清时期修谱的楷模。

天一阁所藏家谱，大部分修于清末民初时期。这一时期巨家大族编修的家谱，篇幅之大有多至三四十卷者。有的家谱简直成了一部乡镇志，例如《四明朱氏支谱》分内外编，共二十六卷，内容包括星野、灾异、交通、村域、风俗、防兵、山川、赋税、盐业、渔业、乡塾、物产等。有盐场村域图，述泥盐、灰盐之制法。记捕鱼规模，出海时间、地点，各种捕鱼方法，以及渔民暴动事件，可补郡县志之不足。那些趋向衰落的家族，因财力不济，所修家谱极为简单，往往仅世系表而已。还有的家族，因成员大量从农村流向城市，他们摆脱了土地的束缚和族规的限制，表现出对于修谱不感兴趣。例如民国重修《鄞邑南雷汪氏宗谱》序文说：自废宗祧而为财产继承，谱之为用已失。同治间修谱，阅时三年，规模浩大。今则不然，族人冷淡旁观。责其输款，则争多论少，彼较此计，历年许而仍不肯慨然以出。一派以寓居上海、南通等处，采访无人负责，书函频催总不能得其完全。另一派竟至促之十余次而终无一字见寄。作者无可奈何，只好在文章里感叹一番。清末民初正是我国社会发生大变革的年代，这一时期的家谱从一个侧面反映了半殖民地半封建社会的政治、经济、文化面貌。

（二）现存家谱的来源

天一阁现存家谱四百零三种，计一千九百二十八册，除原存的《苏氏谱》和《庐陵曾氏家乘》两种外，其余都是20世纪50年代后续增的。来源主要有两个方面：一是鄞县通志馆移交的，二是"文革"中抢救出来的。《鄞县通志》开始编修于1933年，至1951年全书告成，当时曾因编纂氏族表，收集过许多家谱。志书编成后，便把志稿和家谱等资料交天一阁。1966年"横扫四旧"之风席卷各地，许多家谱也就被当做废纸，源源进了废品仓库。那时，我们出于保护祖国文化遗产的责任感，数次到废品公司的仓库里去拣选图书文物。一次，在堆积如山的废纸杂物中爬上爬下，不顾扑面而来的灰尘和霉烂恶臭，终于拣出一批古籍，其中仅家谱就有六百多斤，即以废纸价购买归阁。

由于天一阁所藏家谱主要来源于当地，因此，它具有地方性这个显明特点。在四百零三种家谱中，有三百种是聚居宁波市区和鄞县的氏族家谱，占总数的百分之七十四。在清代，鄞县是宁波府的首县，宁波未设市之前，老市区归属于鄞县。此外，市属奉化、慈溪、余姚、象山、镇海各县有七十三种。本省嵊县、新昌、上虞、绍兴、杭州、萧山等地有十九种。属安徽、江西、江苏、福建、湖南各地的有六种。其中一部分外地的宗谱，可能是随着人口的迁徙携带来的。

十年动乱以后，由于机构变动，这批家谱的归属问题引起争议，所以长期来被尘封鼠啮。1984年3月始复入阁收藏。

天一阁藏碑帖概述

（一）碑碣拓本

在明代，天一阁藏书，除范氏子孙外无人过问。清康熙初，黄宗羲破例登阁，并撰藏书记，始为学术界所注意，于是徐健庵、万季野、冯南耕、陈广陵等著名学者和藏书家便继踵而至，争相抄读。然而他们都没有涉及金石拓本。直至乾隆三年（1738），史学家全祖望再次登阁时，[1]始"清而出之"。

据全祖望《天一阁碑目记》，当时天一阁所藏碑拓本单独放在一只书架里，"皆散乱，未及装轴，如棼丝之难理"。拓本上有范钦"手自题签，精细详审，并记其所得之岁月"。全祖望以为这许多拓片"足以补史氏之阙"，有证史、补史的作用，"今不烦搜索，坐拥古欢，而乃听其日湮月腐于封闭之中，良可惜也"。于是力挟笔砚，检阅款识，编录碑目。可惜这部碑目早已失传。后五十年钱大昕说："天一阁石刻之富不减欧、赵，而未有碑目传诸世，岂非阙事。"[2]

乾隆四十八年（1783），史学家钱大昕访阁。"启香厨而出之，浩如烟海，未遑竟读"。乾隆五十二年（1787），再次登阁，即与金石家张燕昌和范钦八世孙范懋敏共同编定了《天一阁碑目》一卷。后来附刻在文选楼本《天一阁书目》之后。钱氏在序文中说："拂尘祛蠹，手披目览几及十日，去其重复者,自三代讫宋元凡七百二十余通,以时代前后为次,并记撰书人姓名,俾后来有考。明碑亦有字画可喜者,以近不著录,仿欧赵之例也。"可惜编者拘于故习,将明碑弃而不录,这样,后人虽见其目,却无从了解天一阁入藏的全貌。

碑目著录周秦碑三种,汉碑二十九种,魏晋南北朝碑二十二种,隋碑五种,唐碑一百四十四种,五代碑五种,宋碑二百零二种,金碑四十一种,元碑二百五十七种,年代不详者二种。目成后,范懋敏又续录九十四种,附在卷末。这样,碑目实际著录数为八百余种。

天一阁原藏碑碣拓本均为明代或明以前所捶拓,弥足珍贵。嘉庆七年(1802),金石学家孙星衍编纂《寰宇访碑录》,从中获益良多。冯登府以为"孙渊如《访碑录》,取鄞县范氏拓本,自汉至宋元几二百种,皆天下无双本也"。经复核,《寰宇访碑录》中注明采自"鄞县范氏藏本"或"鄞县范氏拓本"的有二百零四种,在当时已属罕见。其中最著名的是北宋拓本《石鼓文》和《秦封泰山碑》、汉《西岳华山庙碑》。

石鼓发现于隋朝,这是我国历史上最显赫的一组刻石,出土于天兴县三时原(今陕西省宝鸡市)的草莽之中。原石共十枚,各高约三尺,直径约二尺许,作鼓形,四周刻字,全文七百余字,传至唐代,字多漫漶,宋拓本尚存四百多字。今原石保存在北京,只有二百数十字。《石鼓文》字画比小篆更繁,世称大篆,据多数学者研究,认为是秦始皇整理文字以前之物,内容记载某王狩猎于岐山山麓之事,因而,自唐宋以来为考古家所珍重。据记载,宋苏轼收藏过七百零二字的拓本，后失传。"四明范氏藏本得字四百有三，又有向传师跋"。[3]全祖望《宋拓石鼓文跋》云："天一阁有石鼓文，乃北宋本，吴兴沈仲说家物。……其后归于松雪王孙，明中叶归于吾乡丰吏部，已而归范氏。古香苍然，盖六百余年矣，是未入燕京之拓本也。范氏藏之亦二百余年矣，予尝过天一阁，幸获展观，摩挲不忍释手。"清乾嘉以来，金石家视为瑰奇之物，以为"天下乐石以周石鼓文为最古，石鼓脱本以浙东天一阁所藏北宋本为最古"。[4]乾隆五十四年（1789），张燕昌摹刻于海盐，有阮元、张廷济题诗，张诗云："韩苏歌本无人持，范司马本今瑰奇，天一高阁岿然在，谁与模取加镌治。"后来，阮元重抚上石，嵌置杭州府学明伦堂两壁。

《秦封泰山碑》是我国历史上的又一丰碑巨碣，立于公元前219年，记载着秦始皇统一中国的功德。原石在山东泰山之顶，高约四尺，形状似方非方，宽窄不等，四面环刻，共二百二十二字。至宋代，石已严重残损，大中祥符元年（1008），宋真宗赵桓东巡封泰山时，衮州太守仅献了四十余字的拓本。明初存二十九字，清代遭火灾，后移置于山下岱庙，现仅存九个半字。碑文为秦丞相李斯所书。秦统一文字，李斯作小篆，作为统一的标准文字。此碑文字为李斯书法艺术的代表，也是我国书法艺术发展史上的重要里程碑。天一阁藏本相传为宋拓本，[5]但所存仅二十九字，或为明初所拓。乾隆五十二年（1787）编《天一阁碑目》时，张燕昌钩摹上石。冯登府说："泰山秦刻世无石本，宋庆历间江陵几宋莒公曾翻刻，亦少流传。……今阅《天一阁碑目》有此种，暇日至阁，遍查不得。"[6]可知原本此时已散出。摹本于1934年嵌入阁前围墙之上，因石质较粗，今已剥蚀。

《西岳华山庙碑》亦是天一阁所藏碑拓本中的瑰宝。原石在陕西华阴县华山，立于东汉延熹八年（165），郭香察隶书，苏长工刻石，全文二十二行，行三十八字，额篆书，二行六字。嘉靖三十四年（1555）地震，石全毁，传世拓本极稀，仅有四本，其中长垣本、华阴本、玲珑山馆本均经裱装，唯天一阁本为全拓整幅，未经裁割。"碑额两旁有李赞皇题名一通，碑文空处亦有宋人题名，金石家皆未之见也。"[7]其优点非他本所及。旧藏四明丰道生家，后归范氏，故又称四明本。冯登府《石经阁金石跋文》称："西岳华山碑为钱东壁携去，后归竹汀詹事，詹事赠仪征阮元，有唐太和、宋元丰王子文、李卫公题跋，为各本所无，阮元曾翻刻于扬州。"今"传四明本最后归潘复氏，全家携去台湾"。[8]

天一阁所藏碑拓善本，除上述三种外，如汉《冀州刺史王纯碑》《酸枣令刘熊碑》《圉令赵君碑》、梁《旧馆坛碑》等，均见于金石家的题记。唐以后具有历史艺术价值者更不胜枚举，均为世所共珍。翁方纲曾说："若能双钩《旧馆坛碑》，虽一半不全，皆妙，仞想之至。"[9]

明代好金石者世称都穆、杨慎、郭宗昌、赵子函四家，而钱大昕、钱维乔、沈子惇均认为"较其目录，皆不及范氏之富"。可惜三百年后散佚殆尽。全祖望《跋薛尚功手书钟鼎款识》文中说："范氏书帖大半万卷楼故物，而是本独不知得之何人，观坊所题可见也。石刻所传仅有其半，而手书精赅，更为可珍。范氏尚有副本，见予之嗜之也，以其副为赠焉。"可知天一阁所藏，在清代中叶已有流出。当时归全祖望的还有《唐开元泰山摩崖》和《元揭文安公天一池记》等，跋见《鲒埼亭集》。至咸丰年间，天一阁遭受到了空前浩劫。赵之谦《刘熊碑跋》云："咸丰辛酉，阁中碑版尽为台州游民取投山涧，烂以造纸，鄞人亦有闻而急求者，至则涧水已墨矣。"这次兵燹之后，光绪间重编《天一阁见存书目》时，仅存二十余通。现除《刘熊碑》今藏故宫博物院，[10]其他均下落不明。

（二）明清帖石

天一阁主人范钦遗留下来的明代丛帖刻石有《天一阁帖》八种，《万卷楼帖》三种，《义瑞堂帖》十一种。共存二十六方，除几方残损外，剥蚀不多，字体清晰，保存了明代书法家文徵明、丰坊、薛晨、薛选等人的法书，及范钦自己的题跋二通，是我们研究明代书法艺术的宝贵材料。

现存的丛帖里，丰坊书写的有十二种，占总数的一半以上，有古篆文《祝殇子鏊生净土序论》、草书《底柱行》《千字文》《改生字之义辨》、正书《妙法莲华经观世音菩萨普门品》《大悲咒》《大慧礼拜观音文》、行书《临兰亭集序》《与霞川文学契家启》《与霞川先生启》《送子旗游吴》《子旗西游濒行漫书以赠诗启》《与子旗即元契家启》，此外，还有《大士像》图一幅，与《妙法莲华经观世音菩萨普门品》合刻。明范大澈《碑帖纪证》云："国朝能书者虽众，惟宋仲珩（璲）、端木孝思（智）、祝希哲（允明）、丰存叔（坊）四人得三昧之妙，入右军之室。仲珩早年被戮，孝思亦早亡，流传颇稀，存叔生吾宁僻处，刻石亦鲜……"作为一个四百年前的书法家的作品，像这样篆、草、正、行，各体具备的刻石，至今还完好地保存着，实在难得。

丰坊字存礼，一字存叔、人叔，号人翁，后改名道生，称南禺外史，鄞县人，正德十四年（1519）乡试第一名，嘉靖二年（1523）三十岁时考中进士，授礼部主事，后改南考功主事。次年，因大礼议之争，触犯了嘉靖皇帝。丰坊被谪为通州同知，不久去职回家。他博学工文，尤精书法，家有万卷楼，藏书数万卷，更负郭田千余亩，尽鬻以购法书名帖，常常夜以继日，心摹手追，因此书学极博，五体并能，所临古碑可以达到乱真的地步。他在《千字文跋》中说："春雨初晴，僻居无事，乘兴效右军书法，虽未足造古人万一，然其点横布置之间，不敢有毫发差谬。"可见他对习书抱一丝不苟的态度。长洲文徵明曾对人说："丰先生无一点一画不自古人中来。"明代书画家董其昌以为："丰考功、文待诏皆墨池董狐也。"

丰坊由于怀才而得不到重用，便埋头于书淫墨癖之中，从而恃才傲物，目空古今，滑稽玩世，徜徉自恣，甚至"一习古篆隶之文，而即欣然技痒，伪作邯郸淳辈文字以欺世"。[11]世人重视他的书法艺术。黄宗羲有《丰南禺别传》，[12]记其轶事甚详，说："坊有书名，甬上故家多藏其底草相夸示。"周世绪《枌社剩籁》亦记其趣事，谓："一令遣吏索药方，考功曰：'大枫子去了仁，无花果多半边，地骨皮用三粒，史君子加一颗。'令览之笑曰：'丰公嘲尔，此四语"一夥滑吏"耳！'"由于他滑稽玩世，得罪了一些人，因此，妒喙交张，竞掩其长，往往诬以漫语。

范钦与丰坊的交往是非常密切的，这一点可以从丰坊手书《底柱行》一诗中得到证实。嘉靖二十三年（1544），范钦升任江西按察使,丰坊撰此诗赠之,写得很有气势,末曰:"行行江西旬月耳,天下望公如底柱。……狂夫乐此期没齿,为君湖旁先洗耳。"长篇草书,善用枯笔,大有腕力,一气呵成,形式与内容和谐统一,是丰坊书法作品中具有代表性的一件。万历八年(1580),范钦摹刻上石,题跋说:"先生精研书学,神诣力追,为吴人所掩,迨殁而名乃大起,断缣敝楮,被以重购。"丰坊晚年得心疾,万卷楼又遭火灾,穷困潦倒,寄居萧寺,死在僧舍。万卷楼残存图书和帖石均归天一阁。

万卷楼现存石刻中,除丰坊临智永草书《千字文》外,有两种是《兰亭》,即嘉靖五年(1526)丰坊临本和摹刻神龙本。《神龙兰亭》因有"神龙"半印而得名,此本首题"唐模兰亭"四字,并有"洗玉池""米芾"诸印,在十三行与十四行之间有"贞观""褚氏""绍兴"三印,文末又有"褚氏"印,次行即"丰氏存礼""南禺外史""审定真迹"等印,全石共有三十五印。专家们对于它的祖本问题历来都有争论。翁方纲认为:"四明天一阁兰亭,海内褚临本之冠",嘉庆十八年(1813)特书诗"寄题阁壁,以纪墨缘"。诗云:"唐临绢本极纷拿,始信朱铅态莫加。漫执神龙凭诸印,不虚乌镇说文嘉。书楼带草盟兰渚,玉版晴虹起墨花。今日四明传拓出,压低三米鉴藏家。"但冯登府认为:"天一阁唐摹《兰亭》本乃丰道生伪刻,后有印记可验。《神龙兰亭》有南渡诸公题字墨迹,藏天籁阁,后付之石,为竹垞检讨所得,今不知流落谁氏矣。阁本即从此本繙出,而仅留'熙宁许将'一行。翁覃溪认为其神龙本,误矣。"[13]而周世绪《枌社剩觚》却说:"天一阁所藏丰考功上石兰亭记,相传褚河南摹本，余审之当是米南宫临者，今海内推为第一妙刻。"自1936年故宫博物院发现了清高宗内府所藏兰亭八柱帖的原迹以来，又有人认为其中第三种冯承素摹《兰亭》便是丰刻天一阁本的祖本。原迹后面有嘉靖五年（1526）李廷相题跋，跋云："《兰亭》石刻往往人间见之，余家亦藏有善本，至于唐摹真迹，则仅见此耳。存礼考功偶出示，为题其后而归之。嘉靖丙戌春三月望日濮阳李廷相观于金陵寓舍。"可证此件当时藏在丰坊处，只是翻刻时印章有裁割。文嘉为项子京作跋，说："嘉靖初，丰考功存礼曾手摹，使章正甫刊石于乌镇王氏。"今唐兰先生认为《神龙兰亭》是南宋末年时伪造的，在元代就有翻刻本，丰坊刻石本是从旧刻《神龙兰亭》的拓本上钩摹下来的，而所谓冯承素摹本则是丰氏刻石以后重新伪造的。[14]总之，丰刻《神龙兰亭》的祖本问题尚待深入研究，而搞清冯承素摹本的真伪问题是一个关键。

《义瑞堂帖》由明代书法家薛晨摹刻。薛晨字子熙，一字子旐，号霞川，鄞县人，诸生，少学智永《千字文》，后从长洲文徵明游，得其书法。自谓："欲追古人，妙在精悟，自知笔诀使轨度弗滞，点画藏锋，结构古雅……"文徵明称其"作楷专黄庭，行草出入二王，用正锋，圆转遒劲。此刻字字合作，观者爽心忘倦，亦可谓浙中一名家矣"。[15]其子薛选，字直甫，"下笔能脱去时俗"。《义瑞堂法帖》中，除丰坊和薛氏父子法书外，尚有文徵明正书《薛文时甫墓志铭》，为世所珍重。又据薛冈《天爵堂文集》，在《义瑞堂法帖》中，原有丰坊《笔诀》一种，为考功得意之作，惜早已散佚。

20世纪50年代后，天一阁续增清代刻石《三忠遗墨》和《老易斋法帖》。

《三忠遗墨》刻于嘉庆十九年（1814），集明朝忠臣陈良谟和明末抗清将领钱肃乐、张苍水的信札和遗嘱。原件四札，藏鄞县范峨亭家，遗命其子付之贞石，并摹刻三人遗像于前。次年，同里周世绪题眉，嵌于鄞县旌忠庙殿后。共四方，1956年移藏天一阁。

《老易斋法帖》共十种，慈溪姜宸英书，多其自撰诗文，有《饮汤编修同用退之赠张秘书韵》《五台山歌送方明府》《西兴登舟次日渡曹娥江纪行》《都中酬赠诸诗》《赵进士诗集序》《白燕栖诗集序》《太学生殿侯谢君墓志铭》《与三弟家书二通》八种，此外为《临二王杂帖》和《书万言撰谢天愚诗稿序》。原石三十方，今存二十九方，缺《五台山歌送方明府》前半部分一方。姜宸英字西溟，是清初的文学大家。康熙二十一年（1682）应诏入馆，参与修《明史》，次年又兼修《大清一统志》。二十八年（1689），总裁徐乾学告假，奉命即家纂修。姜宸英与黄虞稷偕行，设局于洞庭东山。三十二年（1693）中顺天乡试，三十六年（1697）丁丑科会魁，殿试一甲第三名，此时，年已七十岁了。姜宸英在《白燕栖诗集序》文末盖有"白衣太史公"白文长方印，意即曾以诸生入明史馆，充纂修官。他主编《明史》刑法志三卷，列传四卷，土司传二卷，《大清一统志》总论、江防、海防共六卷，著有《湛园未定稿》十卷，《苇间诗集》三卷。他的书法也为世所珍重，曾刻入《湖海阁藏帖》《国朝名人小楷》《寄畅园法帖》《望云楼集帖》《天香楼续刻》等法帖之中。而《老易斋法帖》是搜罗最多的一部单帖,钱大昕、梁同书、胡绍曾、钱维乔、王曰升等人均有题跋,称其书法得力于晋唐大家,痛扫圆熟一派,秀挺之中弥具古趣,更有一种清俊拔俗之气。

（三）明州碑林

1933年9月，天一阁遭台风袭击，东垣倾圮，宁波地方人士发起募捐，成立重修天一阁委员会。维修工程历时三年告成，其间，移建宁波府学尊经阁于天一阁后园，又搜集碑碣八十余方，罗列尊经阁之北，署称《明州碑林》。

把出土的或被废置的古代碑碣集中起来建成碑林，这是保护文物行之有效的一种方法。宁波古称明州，人文荟萃，碑碣不少。1928年拆除城垣，出土宋元碑石多种，有宋《楼公告记》《耕织图诗》《能仁院新佛殿记》、元《庆元绍兴等处海运达鲁花赤千户所记》《唐刺史吴侯庙碑》《张循王庙碑》《移建海道都漕运万户府记》等残碑。自宁波府学改建公共体育场，旧存碑碣倾覆土中，雨淋日炙，剥蚀严重。上述碑石后来都移到明州碑林，才得到保护。

中华人民共和国成立后，随着经济建设的发展，新厂房、大楼不断建造，旧的祠堂、庙宇被陆续拆除。"十年动乱"期间，碑碣更被视为"四旧"，往往被随意弃置或碎成石料。天一阁工作人员先后访得三十六方，于1974年嵌入东园新筑的围墙里。近年来又续有所增，原来陈放在阁北空地上的碑石也搬入东园，于是碑林规模逐步扩大。由于所集碑石是在半个多世纪里陆续迁入的，所以陈放排列无一定次序，看起来不够方便,不过仍不失为一部"刻在石头上的地方史书",供人观赏和研究。

碑林中有唐经幢一种,宋碑十三种,元碑二十种,明碑四十二种,清碑六十二种。碑文记载了宁波地方历代经济、政治、军事、文化、教育等情况,其中有:

一、学校教育和人才培养方面的资料

宁波自唐为州,始有夫子庙,此时庙学混一,宋建府学,规模丰敞,文化发达,人才辈出。碑林中保存自元世祖至元二十九年(1292)至光绪二十四年(1898),前后十六次重修府学的碑记。还有格言、箴言碑、学田、学山碑、进士题名碑等,反映了学校教育的内容,经费来源,和人才培养的情况。如《宁波府儒学进士题名碑》,便记载了明初至嘉靖二十九年间本府考中进士的名单。

二、人物传记资料

《唐刺史吴侯庙碑》《宋张循王庙碑》《方国珍德政碑》《庆元路总管王侯去思碑》,以及明清时期的几方墓志铭,都记述被传人生平事迹,或对历史人物有所评介。我们可以从这些人物活动的资料中,去考查有关历史事件。

三、经济史料

唐穆宗长庆元年(821),明州治所从小溪移至三江口(今宁波市区),从此手工业、商业和海外交通贸易随之迅速发

展。宋代经济十分繁荣，史称"海外杂国贾舶交至"，现存乾道三年（1167）四月居住在日本国太宰府的华侨丁□、张宁舍钱砌路的两块刻石，建州府普城县寄居日本国侨民张公□舍钱砌明州礼拜路的一块刻石，就是宋代明州港与日本国交通往来的实物例证。

元《移建海道都漕运万户府记》《庆元绍兴等处海运达鲁花赤千户所记》二碑中所称万户府和千户所，都是负责海道漕运的管理机构，达鲁花赤为蒙古语"头目"的意思。《千户所记》碑文说："皇元混平区宇，始创海运，取东南并海诸郡积粟以实京畿，置大府三吴外，分六所，设官专职。……前古明越，当海道要冲，舟航繁夥甲他郡，而治所在明。"反映了当时经济活动的一个侧面。

碑林中还有十余方清代官府"勒石永禁"的告示碑，其中七方从反面透露了自咸丰九年（1859）至光绪二十三年（1897）这半个世纪中，宁波部分手工业工人罢工，引起劳资纠纷的情况。先后参加停工罢作的有做袋工、穿篾工、打花工、烟工、伞工、染工、做鞋工、磨工等，仅伞工就有三百余人。他们为了维护自身利益，自立柱首，要求增加工资，有的提出增加酒钱，以改善生活条件，结果，都被官府禁止。另几方记载胥吏、埠役、地痞敲诈勒索，食盐商贩拢朋昂价的情况。这些告示碑具体反映了清末宁波的经济发展和人民生活状况，同时还记述了当时的阶级矛盾和社会腐败现象。

四、近代反帝斗争史料

宁波人民有着反抗外国侵略的光荣传统，光绪十一年（1885）中法战争中镇海口战役的胜利，就是光辉的一例。《镇海防夷图记》和《镇海防夷图记书后》两碑，总结了这次战役取得胜利的经验。《镇海防夷图记》碑文引用了亲自参加战役指挥的浙江提督欧阳利见的话，认为在进攻和防御的战术方面借鉴了福建马江战役的经验教训，采用尾锚，稳定战船，提高炮弹的命中率。又散树旗帜，使"敌不能窥我之虚实，以专用其锐；而我常能出敌之不意，以间用其奇"。炮台"用细棕以为毯，和泥与蜃以涂之，鳞比以箦其台，厚数重，炸弹至，则毯受之，毯濡而韧，弹下如雨而未尝一开"。碑文由孙衣言作于光绪十二年（1886）九月，文末记参战将领十三人的名单，次年刻石，离战役结束不久，比较真实可信，是重要的近代史资料。

五、文学艺术资料

碑碣原以记事为主，但有的碑文由名人书写，碑上或加以雕饰，起美化作用，这类碑刻还有其书法艺术价值。如《重建逸老堂记》，就是宋代书法名家张即之书写的。他"喜作擘窠大字，其字愈大愈佳，晚年益超悟，神动天随。金人尤宝其翰墨，片缣只字皆购藏之"。[16]有人评论他的书法，望之如矮松偃盖，婆婆可爱，其用笔以收为纵，又如长房缩地，咫尺有千里之势。明刻《叙唐秘监贺公碑》，由郡人方仕选集唐北海守李邕正书上石，后人均可作习字的楷模。

此外，北宋熙宁二年（1069）《众乐亭诗刻》集刻了嘉祐间明州守钱公辅与王安石、司马光等十余人的诗篇。南宋嘉定三年（1210）《耕织图诗》，为文学家楼钥七十四岁时所书。还有明嘉靖年间宁波知府沈恺草书《千字文》和《水月桥诗》，旧刻浮雕《石马图》等。有的本属法帖，有的属于绘画雕刻，都有较高的文学艺术价值，因刻石体量较大，为便于保护和观赏，现均嵌入碑林之中。

（1）董秉纯：《全谢山先生年谱》。
（2）钱大昕：《天一阁碑目序》。
（3）钱大昕：《潜研堂文集》卷三十二。
（4）阮元：《揅经室集）卷三。
（5）（7）钱维乔：《日湖访古录》。
（6）（13）冯登府：《石经阁金石跋文》。
（8）张彦生：《善本碑帖录》。
（9）翁方纲：《复初斋外集》。
（10）朱家濂：《天一阁书目校读记》。
（11）全祖望：《天一阁碑目记》。
（12）黄宗羲：《南雷文定三集》卷二。
（14）唐兰：《神龙兰亭辨伪》。
（15）文徵明：《薛晨书千字文跋》。
（16）民国《鄞县通志·文献志》。

附　录

天一阁旧题楹联诗歌选注

上元诸彦集天一阁即事
范　钦撰

阛城花月拥笙歌,仙客何当结轸过。吟倚鳌峰夸白雪,笑看星驾度银河。苑风应节舒梅柳,径雾含香散绮罗。接席呼卢堪一醉,向来心赏屡蹉跎。

[注]诗见《天一阁集》卷十三。

灯夕范司马安卿天一阁即事
沈明臣撰

良时引客坐清辉,杰阁雕甍俯翠微。青岭露花敧野鬓,碧池春水媚游衣。灯悬高树星河近,帘卷中天海月飞。共喜太平歌既醉,六街尘静未言归。

[注]沈明臣字嘉则,鄞县人。明万历时诸生,屡试于乡,不利,专以诗自豪。值胡宗宪督师平倭,辟居幕府,与山阴徐渭同管书记。晚年里居,有《丰对楼诗选》。诗见该集卷三十一。

丁酉小春同姚山期葛同果万考叔董次公天鉴徐石客集天一阁和姚韵
林弘珪撰

戎马生尘暗,霜寒载酒船。春风思纵坐,冬日爱余年。饮者咸称圣,为之犹已贤。名山寻副读,翰墨蘸香泉。

[注]林弘珪字用圭,一字函石,鄞县人。明崇祯十二年(1639)副贡生,鲁王时官大理评事。归后杜门著书,有《淡窝笔语》数十卷。诗见《续甬上耆旧诗》卷六十二。

久不登天一阁偶过有感
全祖望撰

历年二百书无恙,天下储藏独此家。为爱墨香长绕屋,秖怜带草未开花。一瓻追溯风流旧,十载重惊霜鬓加。老我尚知孤竹路,谁来津逮共乘槎。

[注]全祖望字绍衣,号谢山,鄞县人。清乾隆元年(1736)进士,翰林院庶吉士,著名史学家,有《鲒埼亭诗文集》等。诗见《四明清诗略》卷十,《鲒埼亭诗集》卷八。

全祖望撰

十万卷签题缃帙斑斑,笑录竹绛云之未博。
三百年清秘祥光昞昞,接东楼碧沚以非遥。

[注]题"全祖望题,后学德维书"。楹联在天一阁中厅。

全祖望撰

南望蜜岩,为道石质储藏都归杰阁。
西瞻祁市,应怅澹生沦落早逊高门。

[注]题"全谢山太史题,同治庚午仲秋月朔日陈劢重录"。楹联在天一阁中厅。

到西湖住七日即渡江游
四明山赴克太守之招
袁 枚撰

久闻天一阁藏书，英石芸香辟蠹鱼。今日椟存珠已去，我来翻撷但欷歔。

[注]袁枚字子才，号简斋、随园老人，钱塘人。清乾隆四年（1739）进士，翰林院庶吉士，曾任江宁等地知县。年甫四十，即告归，以吟咏著作为乐，著有《小仓山房集》《随园诗话》等。诗见《小仓山房诗集》卷三十六，原注云："厨内所存宋版秘抄俱已散失，书中夹芸草，橱下放英石，云收阴湿物也。"

题范氏天一阁
钱大昕撰

天一前朝阁，藏书二百年。丹黄经次道，花木陋平泉。聪听先人训，遗留后代贤。谁知旋马地，宝气应奎躔。

[注]钱大昕字晓徵，号辛楣，又号竹汀，嘉定人。清乾隆十九年（1754）进士。累官少詹事，督学广东，丁艰归，不复出，精研群籍，有《潜研堂诗文集》等。诗见《潜研堂诗续集》卷四。

范菊翁李渭川卢月船范莪亭卢东溟
招饮天一阁观藏书即席索和（之一）
钱维乔撰

黑头强负读书名，杰阁初登愧百城。题处自天昭世守，缥时近水得家声。当窗介石苔俱古,触手灵芸蠹不生。几许燃藜眩朱紫,梦夸中秘艰难明。

[注]钱维乔字树参,号竹初,武进人。清乾隆二十七年(1762)举人,曾任鄞县知县。工画山水,有《竹初文抄》《竹初诗抄》。诗见《竹初诗抄》卷十三,原注云:"阁中书进呈一览。有蒙御题者。阁前有方池半亩,取'天一生水'之义。架旁多置英石,云可辟湿。展卷得芸草数枝,盖司马公手置。云得之西域,亦三百余年物矣。"

偕同人再登天一阁观藏书并披阅金石文仍用集禊帖诗原韵

钱维乔撰

(一)

一水尝随述作流,迹虽陈矣极清幽。室因山气人初静,坐有春风竹自修。朝抱可观当世事,暮怀为慨盛时游。群言管领于斯系,快取天和契昔由。

(二)

与稽犹及仰诸贤,尽揽殊形足畅然。古趣咸知文在右,今人每感地将迁。引觞暂得无生咏,娱目相期未老年。又是闲亭毕长日,所欣俯视曲终弦。

[注]诗见《竹初诗抄》卷十四。

钱令君维乔登天一阁观先侍郎藏书以诗见贻次韵二首(代叔祖采蘜山人)
范震微撰

海国深藏吏隐名,雄观独喜上书城。先人墨帐今无恙,词客湘江旧有声。小憩只轮添雅集,高谈重席异经生。我来别坞陪文字,官阁终宜远灭明。

[注]范震微字紫垣,鄞县人。清嘉庆五年(1800)岁贡生,尝主讲镇海蛟川书院,浦城南浦书院。有《巢云轩诗草》二卷,诗见该集卷上,今录其一。

偕内弟星叔、澄辉过范氏天一阁
桂廷蘜撰

引队徐吟春到初,寻幽小径野情疏。闲花细草禽啼外,短笛斜阳客散余。苔石乱侵池影碧,松篁寒逗雨声虚。殷勤二老风诚古,不遣芸编饱蠹鱼。

[注]桂廷蘜字海洲,慈溪人。清乾隆三十九年(1774)举人,著有《虚筠诗稿》,诗见该集卷一。原注云:"阁中藏书,姚江黄梨洲先生、吾郡全谢山太史曾一再雠校。"

阮　元撰

承梅涧柳汀以后,清节衣冠世泽永四明司马。
比南雷东硎之奇,图书泉石高楼仰百尺元龙。

[注]阮元字伯元,江苏仪征人。乾隆五十四年(1789)进士,选庶吉士,授编修,历任山东学政,浙江巡抚,兵部、礼部、户部侍郎。谥文达。博学淹通,有《揅经室集》等。楹联在天一阁中厅前,题"阮文达公原题联句,同治九年八月长洲彭慰高书"。

观天一阁新编碑目
黄定衡撰

书城面湖阴,乔木含苍烟。灵光兀遗构,令绪天所延。九重诞敷文,云汉回星躔。霞标俨高揭,津逮争后先。书富如入海,波澜谁讨沿。但看金石文,已备仓雅编。乃知赵欧阳,未胜司马贤。耳孙亦好古,佳客来骈阗。上舍识奇字,太史兼纪年。摩挲太古篆,首自石鼓篇。泰山廿九字,遗碣重摹镌。下逮汉魏后,一一玑在璇。因之溯颠末,甲乙书牵连。回看近代碑,尚遗十百千。阁中十日饮,文采何翩翩。从游皆磊落,各各携丹铅。伊余旧所历,窥豹惭勿全。黄尘压席帽,未许同周旋。归来阅编目,惜此良会愆。缅维三百载,故事枌社传。南雷初作记,大书笔如椽。遍数海内藏,莫此与比肩。当时序书目,碑碣姑舍旃。后来鲒埼翁,万卷恣渔畋。碑目亦倡始,似非意所专。请观遗集中,评跋余精研。岂伊得鱼兔,脱手忘蹄筌。及兹一排纂,功逾勒燕然。欲令千载后,好古心益虔。我诗不足陈,请歌瓜瓞绵。

[注]黄定衡字和石、号意竹,又号石轩,鄞县人。清乾隆五十一年举人,著有《石轩诗文集》。诗见《四明清诗略》卷十四。

天一阁
忻思行撰

嵯峨杰阁傍湖居,最善规模按太初。一画天开宜取义,四明地胜好藏书。多多积卷传司马,细细香芸辟蠹鱼。碧沚东楼今已佚,惟兹不愧世家余。

[注]忻思行字景贤,号锦崖,鄞县人。诗见《四明清诗略》卷九。

登天一阁为范生桂龄兄弟题册
汤金钊撰

夙仰范司马,宝书贻子孙。褐来高阁上,不散古香存。贤哲多能读,丹铅好细论。殷勤堂构意,况荷赐题恩。

[注]汤金钊字敦甫,一字勋兹,萧山人。清嘉庆四年(1799)进士。道光间官至协办大学士、吏部尚书,授光禄卿,有《寸心知室存稿》。诗见《两浙輶轩录》卷三十。

天一阁怀范司马
童槐撰

藏书甲海内,天禄亦取资。文物重乡邦,想见龙鸾姿。还闻列朝宁,挺身抗凶威。南赣洗剧盗,咸慑上将旗。宏奖鉴人伦,鳞附归来时。我生惜太晚,但思借一甀。

[注]童槐字树眉,号萼君,鄞县人。清嘉庆十年(1805)进士。曾任江西等省按察使,著有《今白华堂集》。诗见《今白华堂诗录》卷三。

姚元之撰

人间庋阁足千古。

天下藏书此一家。

［注］姚元之字伯昂,号荐青,安徽桐城人。清嘉庆十年(1805)进士,选庶吉士,授编修,累迁内阁学士。道光间督浙江学政,十八年(1838)离任。学于族祖鼐,文章尔雅,书画并工,习于掌故,馆阁推为祭酒。屠继烈跋云:"阁中旧有此联,桐城姚伯昂阁学按试吾郡时所撰,书以东京八分,古雅出尘,廿年前忆曾一见,兵燹后并属云烟。岁庚午,主人重葺,欲复旧观,属为补书,勉作以应,殊惭颦效耳!"又失。1980年8月陈从周重书,楹联在天一阁中厅前。

入夏以来校录天一阁书五十余种以备闽志采访适孙宫保阅兵至鄞奉陪观藏书即送行部至武林二首

冯登府撰

洞天清录石窗虚,闲趁秋风校猎余。三百年来留小阁,二千里外得奇书。龙山著述传金锁,瀛海编摩重石渠。赢得儿童齐拍手,喜看宾客满前除。

［注］冯登府字柳东,号云伯,又号勺园,嘉兴人。清嘉庆二十五年(1820)进士,曾任宁波府学教授,工诗,尤熟掌故,中年游闽。修《福建通志》,著有《石经阁文集》等。诗见《拜竹诗龛诗存》卷三,今录其一。

秋日过天一阁赠范秀才邦畇时以新刻石经阁集四十三卷借藏阁中书注经室额以颜其西斋

冯登府撰

（一）

古道迷苍耳，繇花辟小园。地传堇子国，居似秀才村。老树抱山瘦，平池受雨喧。百年遗砚在，又见范馨孙。

（二）

往日尚书履，秋林撰杖前。春风犹在座，宿草已经年。室许崔儦入，书从孝绪编。名山吾敢托，或者附斯传。

[注]诗见《拜竹诗堪诗存》卷四。原注："古道迷苍耳，见李白访范居士诗；往日尚书履，谓孙文靖公庚年事。"

观范氏天一阁藏书

黄定齐撰

海邦杰阁奎光垂，声明文物邹鲁追。万轴萃积古今妙，四库分锡云霞奇。中垒七略未为富，内史千卷知有遗。孙曾食德凛世守，异本曾奉丹宸披。居邻咫尺我何幸，半豹全豹任力窥。忆昔藏书盛前代，插架不独丰陆推。序班太守有同好，搜括罗拥俱忘疲。珍奇有时炫大阮，佳话至今传酒卮。或云多藏要能读，儒生每负便便腹。穷乡又苦读无书，安得村村足签轴。三百年来一阁存,当时夸耀徒纷纷。澹生菉竹更安在,遗书转眼成浮云。编区类别目分部,金石镌拓尤奇古。上溯秦汉迄晋唐,谁家得比图书府。君不见蓬蓬宝气腾句章,何时鲁殿移灵光。

[注]黄定齐初名定元,字克家,号蒙庄,鄞县人。监生,著有《垂老读书庐诗草》。诗见《四明清诗略》卷十八。

范氏天一阁
马玉堂撰

六间草阁枕江滨,三百年来迹未湮。欲改东庄诗一句,即今十世好书人。

[注]马玉堂字笏斋,海盐人。清道光元年(1821)副贡生,性耽书笈,庋藏秘册甚多,著有《十国春秋补传》等。诗见《两浙輶轩续录》卷三十:"论书目绝句十二首"之一。

天一阁
张恕撰

图书劫后更难收,天一巍然阁尚留。万叠芸编余几许,藏家应属抱经楼。

[注]张恕字贯一,号铁峰,鄞县人。清道光八年(1828)举人,留京供职一年,即假归,不复出,工书,著有《四明水利考》《长春花馆诗集》。诗见《长春花馆诗集》卷九:"鄞南竹枝词"之一。

天一阁歌

周　址撰

四明石质夸秘藏，直与委宛同荒唐。前王后袁卷帙富，遗目仅在书已亡。丰氏有楼号万卷，历世手泽归渭阳。东明司马喜得此，筑阁近连甲第旁。同时鄞州多秘籍，彼此互借传抄忙。比较旧储增十倍，整顿签轴装缥缃。迄今留贻三百载，四海景慕推书仓。我朝四库久充溢，天禄石渠多琳瑯。采取亦复备遗轶，奎墨遂颁云汉章。至今穿碑勒阁下，不须藜火呈星芒。鲰生里舍幸相接，僦居远胜春明坊。宝山在迩期一入，朝披暮读愿终偿。

[注]周址字罂湖，鄞县人。清道光十年（1830）岁贡生。诗见《四明清诗略》卷二十二。

天一阁

忻　恕撰

浙东高阁建何年，灿灿文光射斗躔。地属湖西间派六，水生天一卷藏千。龙神不向琅嬛守，藜火惟凭太乙然。羡杀当年范司马，积书遗泽到今绵。

[注]忻恕字汝修，号仰峰，鄞县人。诸生，著有《近水楼遗稿》。诗见《陶麓诗剩》："杂咏句东形胜八章"之一。

范司马天一阁
陈 劢撰

浙东藏书家,范氏推第一。司马风雅人,足与弇州匹。三百有余载,劫后多散佚。插架剩瑶签,尚见彩云霱。

[注]陈劢字子相,号咏桥,鄞县人。清道光十七年(1837)拔贡,授广西知县,同治元年(1862)举孝廉方正,熟乡邦掌故,参与地方志纂修,著有《运甓斋诗文集》。诗见《运甓斋诗稿》卷一。

范氏天一阁
贝青乔撰

屹然孤阁月湖间,烽火愁看郭外环。却忆龙门先见远,奇书只合贮名山。

[注]贝青乔字子木,号木居士。吴县人,诸生,鸦片战争时投效军营,著有《咄咄吟》。诗见该集卷上,原注云:"阁在城内月湖畔,适当英夷出入之冲。故进兵时,生员范邦畇、范邦麟、范升等禀请曰:'城初陷,遗书几不保,生等以先泽所在,死守不去,今幸无恙。不日大兵破城,恐兵勇或不知,愿乞执照,预为禁压。'将军乃发给告示而去。"

天一阁
忻自淑撰

范氏传名阁,书城足钜观。大间成奂美,一水护芒寒。英石厨头架,香芸卷里攒。由来规制善,藏久莫摧残。

[注]忻自淑字泗水,鄞县人,著有《听松书屋诗集》。诗见《陶麓诗剩》。

天一阁
章 鋆撰

谁家金石富收藏,万轴牙签发古香。赖有城西天一阁,岿然今日鲁灵光。

[注]章鋆字酡芝,号采南,鄞县人。清咸丰二年(1852)进士第一,授翰林院修撰,国子监祭酒,有《望云馆诗文稿》。诗见《望云馆诗稿》:"甬江竹枝词"之一。

天一阁
朱亢宗撰

我才释芒屦,乘兴登此阁。万卷集图书,风流尚如昨。上有万琳琅,下有千琅玕。小亭足看书,绕亭池影寒。花木极潇洒,位置俨山野。此是大娜嬛,共说小司马。

[注]朱亢宗字紫笙,仙居人。清咸丰十一年(1861)拔贡生,候选通判,性孤寂,以气节自励,有《香雪山房诗集》。诗见《两浙辅轩续录》卷四十六。

同登天一阁和钱泚舟韵
何 松撰

剩有清芬阁,盈庭草树幽。校书三易稿,与客再登楼。秘籍窥经苑，高文溯旧游。百年今过半，儒雅愧纯修。

[注]何松字崃青，慈溪人。清同治八年（1869）岁贡生，保举训导，有《梦璞居诗抄》。诗见《四明清诗略续稿》卷三。原注云："戊寅夏，太守宗公邀登阁校书，重编目录，易稿者三。"

宗源瀚撰

杰阁三百年，老屋荒园足魁海宇。
赐书一万卷，抱残守缺犹傲公侯。

[注]宗源瀚字湘文。上元人，官至温处道，精地理，富藏书，有《颐情馆集》。旧联题"光绪辛巳冬三品衔补用道宁波府知府宗源瀚撰书"。已失。1980年4月沙孟海重书，在天一阁中厅前。

天一阁
叶昌炽撰

烟波四面阁玲珑，第一登临是太冲。玉几金峨无恙在，买舟欲访甬句东。

[注]叶昌炽字缘裻，号鞠常，长洲人。清光绪十五年（1889）进士，翰林院编修，有《奇觚庼文集》等。诗见《藏书纪事诗》卷二。

同文甫过天一阁有感
刘同书撰

危亭怪石半参差，三百年来孰护持。岂有遗书留异代，只余杰阁著当时。苍凉古木风穿径,冷落斜阳水泻池。太息绛云楼已废,一般文物系人思。

[注]刘同书字文卿,号鹤茞,慈溪县人,诸生。诗见《四明清诗略续稿》卷六。

天一阁
陈孝徵撰

昔日潭潭司马第,犹存杰阁富藏书。缥缃万卷邺侯架,遗与儿孙饱蠹鱼。

[注]陈孝徵字子蘅,鄞县人,有《双湖渔隐诗草》。诗见该集。

天一阁藏书歌
陆智衍撰

羽陵坠简世不传,搜奇谁探委宛编。四明山下图书薮,百尺杰阁何岿然。嗜古曾闻范司马,四部七略资传写。精勤何让北堂钞,却化书城为广厦。是时东南富弆藏,曹仓邺架遥相望。绛云楼高庋图笈,汲古阁峻盈缥缃。季氏沧苇侈目录,牙签玉轴相颉颃。伟哉大观在兹阁,皆如河伯叹望洋。画栋朱门几易主,芸香不改旧堂宇。石渠天禄不可登,即此如游群玉府。浙东黎献推梨洲,谢山踵起亦其俦。䌈绳解散恣探讨,丹墨点勘重校雠。乾隆中叶盛文治,四库四阁同建置。犹恐孤本在人间,求书屡见陈农使。阁中巨编三万余,再拜献书陈丹除。丛残古本吉光羽,一一声价同璠玙。上经圣人乙夜览,特付天禄同收储。辉煌宸诏示褒宠,旷典曾赐中秘书。百年海邦富文物,奎光斗气同盘郁。儒林艺圃时登临,玉山珠渊堪仿佛。□□劫火不敢焚,鬼神呵护到典坟。崔巍即是灵光殿,无恙瑶编留古芬。东海洪涛抱阁外,照见金碧光纷纭。波澜灌输到册府,沐日浴月照大文。

[注]陆智衍字陶甫,一字蓝卿,鄞县人。清光绪十四年(1888)优贡生,曾任青田教谕。诗见《两浙校士录》。

吴引孙撰

高阁凌虚,有清流激湍映带左右。

宸章在上,胜商彝周鼎传示儿孙。

[注]署"光绪十九年岁次癸巳秋八月二品顶戴分巡宁绍台道吴引孙撰书"。吴引孙字福茨,江苏仪征人。举人出身,由宁绍台道迁广东按察使,后在新疆、安徽、福建、浙江任布政使。楹联在天一阁中厅。

后 记

  天一阁是我国现存最古老的藏书楼,在文化史上有着深远的影响,自公元十六世纪中期创建以来,不仅建筑规制和管理方法成了一些公私藏书楼的楷模,而且在传播文化和推动学术方面给了人们以启迪。近四十年中,典籍倍增,"南国书城"名不虚传。许多中外学者、文史工作者以及其他各界人士,都争相叩启这座文献宝库的大门。

  本书包括史话和书话两部分,较详细地介绍了天一阁的历史和现状,有重点地揭示了藏书的特点与价值,供人们在了解和探索这座宝库时参考。为了适应多层次读者的需要,力求深入浅出,兼顾学术性、资料性、知识性、通俗性。有的篇章曾经发表,在收入本书时,作了某些修改补充。不当之处,仍然难免,敬祈读者指正。

  衷心感谢顾廷龙先生为本书撰序题签!

一九九〇年八月二十五日　骆兆平记于天一阁

重印后记

　　本书出版后，受到中外读者的关注，也得到专家学者的好评。一九九四年十月，在全国古籍出版社出版图书评奖会上，本书被评为二等奖。一九九五年九月，作者荣获宁波市人民政府颁发的社会科学优秀成果一等奖。

　　今年是国务院公布宁波市为国家历史文化名城十周年，又是天一阁建阁四百三十周年纪念活动年。作为纪念活动内容之一，作者同意有关部门的要求，请中华书局调整本书插图版面后重印。并缀数语，以志纪念。

一九九六年四月十八日　骆兆平

再版后记

《天一阁丛谈》写作于改革开放初期。天一阁作为宁波市首批对外开放的窗口单位,读者和参观者纷至沓来。人们往往不满足于一纸"简介",问这问那,于是我写了长篇《天一阁史话》,刊登在《图书馆学通讯》1980年第3期。次年5月,上海和北京的两家出版社先后约我写书,要求更全面、更具体地介绍天一阁历史和藏书。

那时,天一阁文物保管所成立不久,全所工作人员只有四人。我忙于接待、会议与事务工作,可用的业余时间极少,每年只能完成一两个课题的研究和写作。直到1987年9月全书写成,先向上海人民出版社交稿。不料出版社"经济严重滑坡",书稿搁了近三年,终因"发排时间不定",取回原稿。我增补了《天一阁史话》最后两章及新作《天一阁藏书传抄遗闻》,随即将书稿送北京中华书局。

本书由中华书局于1993年3月出版,1996年7月重印。2012年被收入《天一阁研究丛书》,由宁波出版社于同年12月出版丛书本。至今又过去了六七年,天一阁博物馆应大众之需，再请宁波出版社出单行本。我重读旧著校样，颇生感慨，故略述写作、出版过程，向历次为本书出版而付出辛勤劳动的同志们致谢。

2019 年 9 月 1 日　骆兆平